· 本书受到云南省哲学社会科学学术著作出版专项经费资助 ·

中国地方税体系 的优化研究

ZHONGGUO DIFANGSHUI
TIXI DE YOUHUA YANJIU

王玲 ◎ 著

四川大学出版社
SICHUAN UNIVERSITY PRESS

项目策划：梁　平
责任编辑：梁　平
责任校对：傅　奕
封面设计：璞信文化
责任印制：王　炜

图书在版编目（CIP）数据

中国地方税体系的优化研究 / 王玲著．— 成都 ：
四川大学出版社，2021.5
　　ISBN 978-7-5690-4647-2

　　Ⅰ．①中… Ⅱ．①王… Ⅲ．①地方税收－税收体系－
研究－中国 Ⅳ．① F812.7

　　中国版本图书馆 CIP 数据核字（2021）第 076778 号

书名　　中国地方税体系的优化研究
著　　者　王　玲
出　　版　四川大学出版社
地　　址　成都市一环路南一段 24 号（610065）
发　　行　四川大学出版社
书　　号　ISBN 978-7-5690-4647-2
印前制作　四川胜翔数码印务设计有限公司
印　　刷　成都金龙印务有限责任公司
成品尺寸　170mm×240mm
印　　张　10.75
字　　数　205 千字
版　　次　2021 年 5 月第 1 版
印　　次　2021 年 5 月第 1 次印刷
定　　价　58.00 元

◆ 读者邮购本书，请与本社发行科联系。
　　电话：(028)85408408/(028)85401670/
　　(028)86408023　邮政编码：610065
◆ 本社图书如有印装质量问题，请寄回出版社调换。
◆ 网址：http://press.scu.edu.cn

四川大学出版社
微信公众号

目　录

引　言…………………………………………………………（ 1 ）

第一章　地方税体系的基本理论…………………………（ 8 ）

第一节　主要概念界定…………………………………（ 8 ）

第二节　相关理论………………………………………（11）

第二章　地方政府的事权与支出责任……………………（21）

第一节　改革开放以来中国中央与地方间财政关系的历史演进………（21）

第二节　地方政府合理的事权与支出责任……………（25）

第三节　本章小结………………………………………（48）

第三章　地方税的功能定位与合理税负…………………（50）

第一节　地方税的功能定位……………………………（50）

第二节　地方税的合理税负……………………………（53）

第四章　中国地方税的规模、结构及与支出责任的匹配…………（60）

第一节　地方税的规模…………………………………（60）

第二节　1994 年以来地方税收收入增长情况…………（63）

第三节　1994 年以来地方税结构的变化………………（82）

第四节　中国地方税财力与支出责任的匹配…………（90）

第五节　中国现行地方税体系的经验与问题…………（95）

第六节　本章小结………………………………………（99）

第五章　国际经验借鉴……………………………………（101）

第一节　税权划分………………………………………（101）

第二节　共享税情况………………………………………………（104）

第三节　地方专享税情况…………………………………………（109）

第四节　地方财力与支出责任的匹配……………………………（113）

第五节　国际经验对中国地方税体系优化的启示………………（115）

第六章　中国地方税体系的优化………………………………（117）

第一节　目标与原则………………………………………………（117）

第二节　总体思路…………………………………………………（119）

第三节　共享税导向………………………………………………（121）

第四节　专享税导向………………………………………………（130）

第五节　其他配套改革……………………………………………（148）

参考文献…………………………………………………………（152）

引　言

　　党的十八届三中全会首次提出了"国家治理"的概念，认为财政是国家治理的基础和重要支柱，科学的财税体制是优化资源配置、维护市场统一、促进社会公平、实现国家长治久安的制度保障。[①] 刘尚希（2014）将财政比喻为国家治理这个木桶的底板，认为财政发挥基础性作用，若财政治理出了问题，就会动摇整个国家治理，甚至导致国家治理失效。[②] 因此，财税体制改革的成败关乎国家治理能力现代化能否实现。现阶段，经济新常态对财税体制改革提出了新的要求。首先，经济增速下滑，经济增长动力由要素驱动转向创新驱动。一国的创新能力是多种要素结合的产物，包括教育投资和教育结构的优化、市场化程度的提升、竞争机制的完善、产权保护制度的健全等。这些要素均对政府治理水平和治理能力提出新的挑战，也对财税体制改革提出了新的要求。其次，新时代下，政府面临一些新的公共风险，要求财政提高抗风险能力。这些新的公共风险主要表现为：全球环境问题、人口老龄化到来、公共服务均等化需求增加、新型城镇化正在推进、社会公众对公平的需求增加等。这些新增的公共风险对财税体制改革提出的挑战表现为：环境治理支出、地方公共服务支出、社会保障支出等支出增加，以及改革需要充分考虑公平问题。比如污染防治支出 2018 年比 2017 年增加了 29.6%，高于绝大部分支出项目的增长速度。[③] 胡海峰、陈世金（2014）测算了城镇化需增加的财政支出，结果表明，至 2020 年按官方城镇化率计算需要新增财政支出（主要包括社会保障、保障房、教育、医疗及部分基建投资）11.2 万亿～18.2 万亿元。[④] 因此，应对这些新的挑战，最终都需要强大的财政资金做保障。最后，国家治理体系和治理

---

① 《十八届三中全会关于全面深化改革若干重大问题的决定》。
② 刘尚希：《财政改革、财政治理与国家治理》，《理论视野》，2014 年第 1 期，第 25 页。
③ 数据来源：中国政府网 http://www.gov.cn/xinwen/2019-07/16/content_5410196.htm
④ 胡海峰、陈世金：《创新融资模式——化解新型城镇化融资困境》，《经济学动态》，2014 年第 7 期，第 59 页。

能力的现代化对地方财政收支提出了新的要求。国家治理体系和治理能力的现代化要求在财政收支的各个利益节点上，实现政府与市场之间、上下级政府之间，以及政府各部门之间"共治"；要求中央与地方之间、地方政府与辖区居民之间更重视自上而下的管理和自下而上对激励和约束的反馈。因此，地方财政收支需要扮演更全面的角色，地方税体系不仅需要组织财政收入，还需要在推动产业结构升级、促进创新、保持环境友好、促进收入的公平分配等方面有所作为。

十九大报告提出："加快建立现代财政制度，建立权责清晰、财力协调、区域均衡的中央和地方财政关系。"合理界定中央和地方之间的事权与支出责任是建立现代财政制度的重要内容，但现实情况是我国中央和地方之间事权和支出责任划分还不清楚。首先，我国没有权威的法律体系来稳定中央和地方之间的事权和支出责任，导致事权不断向地方下沉。其次，正因为没有法律来稳定中央和地方间的事权和支出责任，事权和支出责任的划分就模糊不清、摇摆不定。一些适合由地方负责的事务，中央承担较多，如区域性重大基础设施、城乡社区规划等项目。一些本应由中央直接负责的事务却又由地方政府负责，如南水北调、跨地区污染治理等。省以下事权和支出责任的划分更是不尽规范。最后，地方政府承担了较多的事权，但没有相匹配的财力作为支撑，导致地方政府对"土地财政"的依赖性较强，带来较大的财政风险。以 2019 年为例，中央一般公共预算本级支出占全国一般公共预算支出的 14.70%，地方占 85.30%；中央一般公共预算收入占全国一般公共预算收入的 46.91%，地方占 53.09%。① 地方财政收入中，土地出让金收入占了较大比重。以 2019 年为例，地方一般公共预算收入本级收入与土地出让金收入的对比关系约为 1.43：1，地方税收收入与土地出让金收入的对比关系约为 1.08：1。土地出让金收入近年来波动较大，2015 年同比下降 21.30%，2016—2019 年的增长率分别为：15.20%、40.28%、25.76%、12.34%。② 地方财政收入对土地出让金收入的依赖不具有可持续性，地方财政风险较大。

中国改革开放以来，国内生产总值经历了持续和高速的增长时期，GDP 从 1978 年的 3678.7 亿元增加到 2019 年的 990865.1 亿元，年均增长率约达 14.63%。但自 2012 年以来，我国 GDP 增速逐渐回落。2012 年至 2019 年

① 数据来源：根据中华人民共和国财政部网站 http://yss.mof.gov.cn/2019qgczjs/数据计算而得。

② 数据来源：中华人民共和国财政部网站 http://www.mof.gov.cn/zhengwuxinxi/caizhengshuju/。

GDP 增速分别为：7.9％、7.8％、7.3％、6.9％、6.7％、6.9％、6.6％、6.1％。2012 年首次低于 8％，2015 年降至 7％以下，经济进入新常态。① 税收是国家为了向社会提供公共产品、满足社会共同需要，按照法律的规定，参与社会产品分配，强制、无偿取得财政收入的一种规范形式。税收收入归根到底来源于社会生产的成果。经济增速由高速转向中高速，税源会相应减少，给税收收入的增长带来不利影响。与经济增长速度的回落相一致，我国地方一般公共预算收入 2012 年至 2019 年的增速分别为：16.24％、12.99％、9.95％、9.39％、5.11％、4.85％、7.04％、3.25％。② 地方税收收入 2012 年至 2019 年的增速分别为：15.11％、13.89％、9.74％、5.96％、3.24％、6.15％、10.60％、1.34％。③ 可见，经济增速的下滑，引起地方一般公共预算收入和地方税收收入增速较大程度的下降。经济增长由高速转向中高速，给地方税收收入带来较大的负面冲击。

2011 年，经国务院批准，财政部、国家税务总局联合下发营业税改增值税试点方案。从 2012 年 1 月 1 日起，在上海交通运输业和部分现代服务业开展营业税改增值税的试点。自 2016 年 5 月 1 起，"营改增"在我国全面推开。营业税在"营改增"之前是作为地方主体税种而存在的，占地方税收收入的 30％以上。以 2011 年为例，地方一般公共预算收入总额为 92468.32 亿元，地方税收收入为 41106.74 亿元，营业税收入为 13504.44 亿元，营业税收入占地方一般公共预算收入的 14.60％，占地方税收收入总额的 32.85％。④ 除了营业税之外，地方专享的税种主要包括契税、土地增值税、房产税、资源税、城市维护建设税、城镇土地使用税、车船税、耕地占用税、烟叶税等税种。这些都是收入稳定性不高、征管难度大、税源分散的税种。以 2015 年为例，这 9个税种的收入合计数为 19481.06 亿元，而该年营业税收入为 19162.11 亿元。⑤ 2012 年是部分地区部分行业"营改增"试点的第一年，各税种收入占地方税收收入比重变化不大。到 2019 年，改革后的增值税地方分享部分占了全部地方税收收入的 40.51％，增值税、企业所得税和个人所得税 3 种共享税地

① 数据来源：根据中华人民共和国国家统计局网站 http://data.stats.gov.cn/公布的数据计算而得。
② 数据来源：根据中华人民共和国国家统计局网站 http://data.stats.gov.cn/easyquery.htm?cn=C01&zb=A08040 3&sj=2018 的数据计算而得。
③ 数据来源：根据中华人民共和国财政部网站 http://www.mof.gov.cn/zhengwuxinxi/caizhengshuju/公布的数据计算而得。
④ 数据来源：根据《中国财政年鉴（2012）》的数据计算而得。
⑤ 数据来源：《中国税务年鉴（2016）》。

方分享部分占地方税收收入的 63.47%。地方专享税中，与土地和房地产相关的契税、土地增值税、房产税增长较快，但 3 种税收收入合计数 2019 年也只占全部地方税收收入的 20.35%，其余税种要么增幅甚微，如耕地占用税 2019 年增长 5.38%；要么不升反降，如城镇土地使用税和城市维护建设税 2019 年均负增长。[①]"营改增"后，地方财政处于主体税种缺失的状态。

我国中央政府在初次收入分配中所占比重高于其在财政支出中所占比重，形成中央财政剩余，地方政府的收入比重低于其支出比重，存在财力缺口，中央政府再以转移支付的形式来协调这种政府间财力分配的纵向不平衡，这有利于平衡区域间财力差异，实现公共服务均等化，但同时也带来效率损失。范子英、张军（2010）实证研究发现，转移支付比重每增加 1 个百分点，将使地方经济的长期增长率降低 0.03 个百分点。[②]吴永求、赵静（2016）运用分位数回归表明，财政转移支付比重在 0.1 和 0.25 分位点对财政资金效率产生负面影响。[③]褚敏、靳涛（2013）同时对中央转移支付对地区间公平和效率进行了检验，发现中央转移支付既没有实现地区间公平，也不具有效率。[④]马光荣、郭庆旺、刘畅（2016）对上述这类现象的原因进行了实证分析，发现中央转移支付未实现公平目标源于我国财政转移支付中专项转移支付和税收返还对公平起了逆向调节作用。[⑤]财政分权理论也认为，将权力下放给地方政府，可使得地方政府从每一单位的经济发展中获得的好处增加，从而发展本地经济的积极性上升，改善经济效率。

从长期来看，"营改增"减少了重复征税问题，规范了税收体系，进一步理顺了政府和市场的关系，有利于产业结构的升级。但同时我们也应该看到"营改增"后，地方主体税种缺失，给地方财政带来了较大的冲击，必须通过改革，优化地方税体系，以保证地方政府履行相应事权的财力，保证地方政府实现地方治理的目的。

---

① 数据来源：根据财政部网站"2018 年财政收支情况"http://gks.mof.gov.cn/zhengfuxinxi/tongjishuju/201901/t20190123_3131221.html 数据计算而得。

② 范子英、张军：《中国如何在平衡中牺牲了效率：转移支付视角》，《世界经济》，2011 年第 11 期，第 117 页。

③ 吴永求、赵静：《转移支付结构与地方财政效率——基于面板数据的分位数回归分析》，《财贸经济》，2016 第 2 期，第 37 页。

④ 褚敏、靳涛：《分税制后的中央转移支付有效率吗？——基于中央转移支付对地区间增长公平与效率的检验》，《上海财经大学学报》，2013 年第 2 期，第 78 页。

⑤ 马光荣、郭庆旺、刘畅：《财政转移支付结构与地区经济增长》，《中国社会科学》，2016 年第 9 期，第 124 页。

《深化财税体制改革总体方案》强调：深化财税体制改革的目标是建立统一完整、法治规范、公开透明、运行高效，有利于优化资源配置、维护市场统一、促进社会公平、实现国家长治久安的可持续的现代财政制度。[①]重点推进三个方面的改革：改进预算管制制度，深化税收制度改革，调整中央和地方间的财政关系。我国现行中央和地方之间的财政关系还存在若干问题，集中表现为：较多的财权集中在中央，较多的事权下沉到地方。现代财政制度要求中央和地方之间适度分权，这个"适度"就是每级政府的财力与支出责任基本匹配。因此，理顺中央和地方的财政关系，给予地方适度的自主财权，使得地方有发展本地经济、为本区域提供基本公共服务、维护本区域生态环境的动力，具有十分重要的理论意义和现实意义。

本研究着眼于在完善中央与地方之间事权和支出责任基础上，优化地方税体系。中央和地方之间事权与支出责任的划分和财权的划分是中央与地方之间财政关系的焦点。事权和支出责任的划分决定了各级政府需要承担多少责任，需要花多少钱；财权的划分决定了各级政府拥有多少财政资源，有多少钱可花。事权与支出责任相适应的财政体制和中央与地方合理分权的税收体制构成了现代财政制度的重要内容。优化地方税体系有助于地方政府有可预期的、相对稳定的收入来源，从而地方政府可以更加合理地规划事权的履行。《深化财税体制改革总体方案》强调法治规范，即中央和地方间的财政关系要以法律形式稳定下来。这就要求中央和地方的事权和支出责任要稳定下来，地方税体系也要以法律形式固定下来。因此，在完善事权与支出责任的基础上，研究中国地方税体系的优化有助于规范中央与地方间的财政关系。

不同的税制结构对地方治理模式的影响不同。在生产环节征收增值税会驱使地方政府通过税收返还等变相的税收优惠来吸引投资，以将税源留在本区域。如果营业税的税收贡献比增值税高，地方政府就倾向于发展金融业、房地产业等行业来为地方获取更多的税收收入。税收收入是由经济、税收政策和税收征管共同驱动的。合理利用税收政策来引导地方经济发展，使得地方发展经济的冲动向着产业结构升级、推动环境保护、调节收入公平分配的方向进行，是一个多方共赢的策略。国家治理理念强调中央和地方共治，要同时发挥中央和地方的积极性，就要充分考虑中央和地方两个利益主体的利益。优化地方税体系需要充分考虑地方利益，让地方利益成为地方发展经济、调整产业结构、保护生态环境、缩小收入差距的驱动力，而这个驱动力也符合国家治理的目

---

① 　http://www.gov.cn/xinwen/2014—06/30/content_2710105.htm。

标。只有这种内在的驱动力引致的地方政府行为才能带来持久的发展和地方政府治理能力的提升，而不是上有政策、下有对策的短期博弈。因此，优化地方税体系有利于形成地方税体系与地方治理的良性互动关系。

《中共中央关于制定国民经济和社会发展第十四个五年规划和二〇三五年远景目标的建议》要求建立现代财税金融体制，明确中央和地方政府事权与支出责任，健全省以下财政体制，完善现代税收制度，健全地方税和直接税体系。营业税改增值税后，增值税地方分成比例由原来的 25% 提高到 50%，但这只是过渡政策，要健全地方税体系，需要进行系统的改革。《中华人民共和国环境保护税法》已于 2016 年 12 月 25 日在十二届全国人大常委会第二十五次会议上表决通过，并于 2018 年 1 月 1 日起施行。2018 年 8 月 31 日第十三届全国人民代表大会常务委员会第五次会议对《中华人民共和国个人所得税法》进行了第七次修订。消费税扩大征收范围、房产税的改造等均提上日程。但碎片化的税收制度改革难以实现深化财税体制改革的目标。要实现有利于科学发展、社会公平、市场统一的税收制度，我们必须统筹规划，系统地进行改革，使得中央税和地方税各就其位，各税种之间相互协调、相互促进。

站在国家治理的角度，财政的职能作用就不只是反映在经济方面，而是体现在包括经济、社会和政治等各个方面。[①] 税收制度的完善也不仅涉及经济领域，还涉及政治、文化、社会、生态文明等多领域。税收不仅是宏观经济的调控手段，还是中央和地方关系、政府和市场关系、国家与社会关系的扒手。地方税体系是整个税收体系的重要组成部分，是国家治理能力现代化实现的重要途径。

本书共分为六章，研究主线为"政府的财政职能—地方政府的事权与支出责任—合理的地方政府支出规模—地方税应满足的地方支出需求—地方税的合理规模—中国地方税体系的优化"，其中，中国地方税体系的优化主要包括确定主体税种、共享税种、共享模式、共享税地方分享比例、地方税结构等。

第一章地方税体系的基本理论。本书需要界定的主要概念包括事权与支出责任、中央与地方间的财政关系、地方税、专享税与共享税、地方税体系等。核心概念包括事权与支出责任、地方税、专享税和共享税。本书所运用的相关理论主要包括财政分权理论、财政支出理论、税收公平理论和税收效率理论。

第二章地方政府的事权与支出责任。本章主要从我国中央与地方间财政关系的历史演进、地方政府合理的事权与支出责任这两个方面展开。其中地方政

---

① 刘尚希：《基于国家治理的财政改革新思维》，《地方财政研究》，2014 第 1 期，第 4 页。

府的事权与支出责任以支出预算中的"项"来确定。

第三章地方税的功能定位与合理税负。本部分首先依据第二章确定的地方政府的事权与支出责任，界定地方税的功能，确定地方税需要满足的地方支出需求，然后以激励地方政府实现地方治理目的确定地方税的合理规模。

第四章中国地方税的规模、结构及与支出责任的匹配。本章分析了我国现行地方税的规模、收入结构、地方财力与支出责任的匹配情况，总结了现行地方税体系的经验与问题，为优化地方税体系提供历史经验。

第五章国际经验借鉴。本部分主要借鉴部分成熟市场经济国家在税权划分、共享税、地方专享税、地方财力与支出责任的匹配等方面的实际做法，为我国地方税体系的优化提供值得借鉴的国际经验。

第六章中国地方税体系的优化。本部分分别分析了共享税导向下（近期）和专享税导向下（远期）中国地方税体系的优化方案。共享税导向下，综合考虑地方税所需规模、中央与地方利益的协调，提供了四种共享税组合方案。专享税导向下，首先依据税种属性和税收收入规模来选择主体税种，再结合政府间事权与支出责任的划分，确定地方税的收入结构。

本书试图在国内外已有研究的基础上，对中国地方税体系的优化进行比较系统的研究，主要创新点包括：第一，本研究基于中国短期内无法找到规模合理的地方税主体税种、地方专享税对地方的激励效应大于共享税和转移支付两个事实，依据税种属性和税收收入规模，确定了共享税导向（近期）和专享税导向（远期）下中国地方税体系的优化方案。相比现有研究，本研究结合中央与地方之间事权和支出责任的划分，对地方税体系做了比较全面和系统的探讨。第二，本书依据受益原则、兼顾政府职能和行政效率原则、充分发挥中央和地方积极性的原则重新划分了中央与地方间的事权和支出责任，并测算了调整后各层级政府之间事权与支出责任的对比关系，结果显示，调整后政府间事权与支出责任为"葫芦型"结构，具体为，中央：省级：市县级≈34：6.6：59.4。第三，本书测算了合理的地方政府支出规模和地方税税负，并分别计算了东部地区、中部地区、西部地区和东北地区等不同地区合理的地方税税负。相比已有的研究，本研究基于中国区域间差异较大的事实进行了更为细致和深入的分析，以此为基础所优化的地方税体系更符合我国地方治理的目标。

第一章　地方税体系的基本理论

第一节　主要概念界定

一、事权与支出责任

"事权"一词是我国的特殊称谓，原指计划经济体制下，各级政府对其管辖的国营企事业单位的行政管理权，因此，行政隶属和行政管理的色彩较浓。"事权"一词较早的权威来源是 1984 年许毅、陈宝森在《财政学》里的描述。他们对事权的描述为：财权与事权也是联系在一起的。我国的社会制度决定国民经济的主体是国营企业和事业。国营企业和事业归哪一级管理，即事权放在哪一级，财权也相应地放在哪一级。[①] 此时的事权主要是指政府对国营企业的管理权限。随着我国经济体制改革和财税体制改革的推进，事权的内涵也发生了变化。现阶段，事权是指一级政府应承担的运用财政资金提供基本公共服务的任务和职责。支出责任是与事权相对应的一个概念，是政府履行财政事权的支出义务和保障。事权与支出责任的关系是"政府应做什么事"和"做事谁来掏钱"的关系。事权与支出责任和国外对应的专有词汇是"政府支出"（Government expenditure）。

按照事权是由特定层级政府独自承担还是由不同层级政府共同承担来划分，政府间事权主要包括中央政府的独有事权、地方政府的独有事权、中央政府与地方政府共同的事权。中央政府的独有事权，原则上应由中央直接行使，确需委托地方行使的，应有相应的法律依据，并承担相应的法律责任。地方政府的独有事权，由地方独立行使，中央对地方事权的履行提出规范性要求，并通过法律法规的形式予以明确。中央政府与地方政府的共同事权，应根据公共

---

① 许毅、陈宝森：《财政学》，中国财政经济出版社，1984 年，第 587 页。

服务的受益范围、影响程度等具体划分到各层级政府。相应地，属于中央政府独有的事权，应当由中央财政安排经费，承担支出责任。属于地方政府独有的事权，原则上由地方通过自有财力安排，承担支出责任，如果存在收支缺口，可通过发行政府债券、上级政府给予一般性转移支付、收取非税收入等方式予以弥补。中央政府与地方政府的共同事权，由中央与地方按比例各自承当相应的支出责任。

二、中央与地方间的财政关系

地方，在我国是与"中央"相对应的一个概念，是指中央以下的行政区域。本研究所指地方，包括省、地市、县和乡。

政府间财政关系是指财政体制上划分中央政府、地方政府以及各地方政府之间财政管理权限的一项根本制度。具体表现为三种关系：一是支出关系，涉及的是各层级政府间事权和支出责任的划分。二是收入关系，涉及各层级政府之间财政收入的划分，主要是税收收入的划分。三是转移支付关系，涉及各层级政府间财力的集中、补助和转移等。

中央与地方间的财政关系是指中央政府与地方政府在事权与支出责任、财权和财力上的划分。从字面意义上理解，中央与地方间财政关系包括中央与省、地市、县、乡之间的财政关系。但在我国实践层面上，地市、县、乡级政府虽然与中央政府有或多或少的联系，但一般都是通过省级政府实现。因此，本书述及中央与地方间的财政关系时，将省、地市、县和乡作为一个整体看待。合理的中央与地方间财政关系要求中央和地方政府的可支配财力与其支出责任基本匹配。

三、地方税

对地方税概念的界定是一个看似简单实则复杂的问题，以不同的税权为标准进行划分，结果可能不一样。纵向的税权主要涉及中央和地方税权的配置，包括税收立法权、税收征管权和税收收益权。《中国税务辞典》将地方税定义为："中央税"的对称，由地方政府负责征收、管理和支配的税收。地方税管理权限大致可以分为三类：①立法权与管理权全归属地方。②立法权归中央，地方政府有较大的机动权。③立法权与管理权均归中央，地方只负责征收管理。[①]《新编财政大辞典》对地方税的解释为："中央税"的对称，是由一国的

[①] 金人庆：《中国税务辞典》，中国税务出版社，2000年，第93页。

地方政府征收的税，属于地方财政的固定收入。[①]《税务辞典》对地方税的解释为："中央税"的对称，税制分类的一个标准。以税收管理权限划分，地方税是作为地方财政收入主要来源的税收的总称。由于各个时期财政管理体制不同，地方税包括的范围也不尽相同。[②]

由上述定义可以看出，《中国税务辞典》强调完整的税权，《新编财政大辞典》强调税收的征收管理权，而《税务辞典》侧重税收收益权。我国税收立法权集中在中央。从地方税履行其职能角度来说，税收征收管理权侧重征税主体对纳税主体的管理，对税收履行其职能没有直接影响，不是税权的核心，税收收益权才是税权的核心。因此，本研究采用《税务辞典》对地方税的定义，即地方税是作为地方财政收入主要来源的税种的总称。地方税收收入既包括地方专享税的收入，也包括中央与地方共享税地方有权支配的税收收入。我国现行的地方税包括城镇土地使用税、耕地占用税、土地增值税、房产税、车船税、契税、环境保护税、城市维护建设税、烟叶税等，以及增值税、企业所得税、个人所得税、资源税和印花税中地方分享的部分。

四、专享税与共享税

专享税与共享税是依据对同一税源征收的税收收入是否在各层级政府之间共享而进行的一种分类。

专享税，是指依其税源征收的税收收入专属于某一层级政府支配的税种。专享税包括中央专享税和地方专享税。我国的地方专享税的税收收益权专属于地方政府，但税收的立法权和管理权集中在中央，地方仅享有制定一些具体的管理办法和补充措施的权限。

共享税，是指依其税源征收的税收收入，一国的中央政府和地方政府都拥有支配权的税种。共享税通常由中央集中管理。世界各国共享税的共享模式多种多样，常见的有如下几种：一是中央和地方同源课税，分率计征。通常的做法是中央政府和地方政府各自按照既定的税率征税，并将相应的税款留归本级政府支配，如日本的个人所得税和法人税，中央、都道府县和市町村政府各自按照特定的税率对同一税源课税。二是将某一税种的全部税收收入按一定的比例在中央政府和地方政府之间进行划分，这种共享税分享模式通常也称为"比例分成法"或"收入共享法"，如我国的增值税、企业所得税和个人所得税的

---

① 黄运武：《新编财政大辞典》，辽宁人民出版社，1992年，第308页。
② 章炜：《税务辞典》，中国财政经济出版社，1989年，第141页。

分享模式。三是同一征税对象的不同税目，在同一税制下，部分收入归中央，部分收入归地方。如我国海洋石油资源税归中央，其余资源税归地方。

我国现阶段地方的专享税包括城市维护建设税、城镇土地使用税、耕地占用税、土地增值税、房产税、车船税、契税、环境保护税、烟叶税等，中央的专享税包括消费税、车辆购置税、关税、船舶吨税、海关代征的进口环节的增值税等。中央与地方共享税包括增值税、企业所得税、个人所得税、资源税和印花税。

专享税和共享税的划分不是一成不变的，而是随着经济的发展和政府调控政策的变化而变化的。某一阶段的专享税可以在另一阶段变成共享税，反之亦成立。

五、地方税体系

体系是指一定范围内同类的事务按照一定的秩序和内部联系组合而成的整体。税制体系是指一个国家的税制选择哪些税种组成，各税种的地位、作用以及它们之间的配合关系。一个国家建立什么样的税制体系，是由其社会经济条件所决定的。税制体系属于上层建筑，它是税收分配赖以发挥作用的法制模式。

地方税体系指收入归属于地方政府支配的各类税种的组合，它们之间按照有主有次、各尽其能的方式组合成一个整体。地方税体系的内容主要包括税种组成、主体税种以及税制结构。优化地方税体系首先要明确地方政府的事权，即地方政府需要做哪些事；其次确定与事权相对应的支出责任，即地方政府要花多少钱；再次确定地方政府履行其支出责任时，哪些支出需要以地方税的形式筹集收入，即确定地方税规模；最后根据各税种的特征和治理目标选择主体税种、辅助税种、特定目的税种、共享税种、共享税分享模式、共享税地方分享比例等，形成合理的地方税体系。

第二节　相关理论

一、财政分权理论

（一）财政分权的必要性

财政分权理论主要用以解释地方政府存在的合理性和必要性，最早由美国经济学家奥茨提出。他认为，各级政府做出的公共产品和服务的有关决策，主

要应由相应层级辖区的居民来参与。① 他在《财政联邦制》中指出，联邦制下各级政府的目标包括有效地配置资源、合理地分配支出负担和收益、稳定经济运行，州和地方政府主要应承担资源配置的任务。奥茨的理论为财政联邦制理论奠定了基础。

施蒂格勒在《地方政府功能的有理范围》里对最优分权模式给了一个菜单：地方政府比中央政府更了解自己的民众，不同地区的人有权选择自己偏好的公共产品种类和数量。因此，地方性公共产品和服务应由地方政府提供，中央政府负责收入分配和协调地方政府之间的利益。② 当然，他并不否认中央政府的重要作用，认为中央政府在调节收入公平分配和协调地区之间的摩擦有着不可替代的作用。特里西在《公共财政》中提出了"偏好误识"理论，从信息成本角度解释了财政分权的理由。他认为，如果信息是完全的，且经济活动不存在不确定性，则中央政府和地方政府在提供公共产品的效率上差别不大。但现实情况是中央政府距离居民较远，信息由居民传递到中央政府需要产生额外的成本，信息传递过程中有可能发生信息扭曲和遗漏，导致信息的不完全和不确定，依此信息提供的公共产品可能会偏离居民的需求，回避这种偏差的方式就是让地方政府来提供这类公共产品。③

新一代财政分权理论的代表钱颖一、温格斯特、罗兰等从两个方面阐述了财政分权的优势。首先，财政分权有利于地方政府预算的硬化，并有利于维护市场机制的有效运行。在财政分权体制下，地方政府无法通过无限制的借贷来保护落后企业，从而可硬化地方政府的预算约束。生产要素也可以通过在不同地区的流动来避免某一地方政府对其进行过度掠夺和管辖，从而使得市场机制得以有效运行。其次，财政分权可以促进地方政府之间的竞争，提高地方政府的行政管理效率。如果某一地方政府提高了行政管理的效率，提高了本地居民的福利，其他地区的居民会相应要求其地方政府跟进。因此，标杆效应（Yardstick effect）会促使地方政府之间相互学习和竞争，从而提高地方政府的行政管理效率。

另外，奥茨、罗森等还认为财政分权有利于地方政府进行制度革新的政策实验，而这种政策实验如果在中央政府进行会具有较大的风险和政治障碍。因此，财政分权有利于制度创新。还有部分学者认为财政分权通过政府职能的分

---

① 转引自哈维·罗森：《财政学》，中国财政经济出版社，1992年，第666页。

② 转引自平新乔：《财政原理与比较财政制度》，上海三联书店、上海人民出版社，1995年，第338页。

③ Ricard W. Tresch："Public finance"，Business Publication Inc，1981：574—576.

级行使，有利于提高政府机构的工作效率，有助于政府善治目标的实现。

因此，财政分权理论是税收分权的依据，是优化地方税体系的理论前提。

（二）财政分权的方式

财政职能如何在中央和地方之间进行分配，是财政分权的核心内容。奥茨认为，由于地方政府缺乏履行稳定经济职能的财力和必要的货币政策工具（如发行货币、调整利率等），没有主要税种的决策权，甚至可能没有自主的发债权，在经济要素自由流动和地方经济开放的条件下，地方政府在履行宏观经济稳定职能时可能力不从心。地方政府也不适合履行收入再分配的职能。因为如果某一地区采取比较有力的收入再分配政策，就会导致其他地区的穷人流入该地区，本地区的富人流出该地区，形成穷人驱逐富人的局面。而且，即使某地方政府实现了本地区的再分配目标，地区之间的收入差距仍然存在。但是地方政府由于具有信息优势，在履行资源配置职能时可能比中央政府更具有效率。综上，奥茨认为，稳定经济和收入再分配的职能应由中央政府履行，资源配置职能应由地方政府履行。近二十年来，随着各国行政管理效率的提高、信息技术的进步、要素流动特征的变化，部分学者认为地方政府在宏观经济稳定和收入再分配方面也需要发挥重要作用，中央政府也应该履行部分资源配置的职能。因此，奥茨的财政分权理论为我们财政分权实践提供了重要的理论依据，但是其也会随着社会经济的发展而变化。

巴斯特布尔在上述理论基础上，提出了中央政府和地方政府之间支出划分的三原则。一是受益原则。当政府提供的公共产品受益对象为全国居民时，该项支出应当由中央政府来承担；当公共产品的受益对象为某一地区的居民时，则应由该地方政府承担此项公共支出。二是行动原则。跨地区公共工程应在全国范围内来统一规划，需要因地制宜考虑的公共工程，应由相应的地方政府来承担。三是技术原则。如果某项公共产品的提供需要复杂的技术，且规模十分庞大，则应由中央政府来统一协调；如果规模和技术都一般的公共产品，地方政府有能力提供，则应由地方政府提供。

塞利格曼也提出了中央和地方收入划分的三原则。一是效率原则，即以税收征收效率的高低作为划分中央收入与地方收入的标准。所得税划归中央较之划归地方在征收上成本更低，效率更高，因此所得税应归中央。地方政府对土地信息的了解程度比中央政府更高，因此，土地相关税收收入应划归地方。二是适应原则，即以税基的范围为划分标准，税基范围广的税种划归中央，税基狭窄的税种划归地方。比如印花税应划归中央，而房产税应划归地方。三是恰当原则，即以税收负担是否公平为划分标准。如所得税由全体居民承担更符合

公平原则，应归属中央。

上述理论为本书在划分中央与地方事权和支出责任、地方税税种的选择等方面提供了重要的理论支持。

二、财政支出理论

(一) 德国学派的财政支出理论

德国的财政支出理论主要由李斯特、迪策尔、史泰因和瓦格纳等做了系统化的研究。李斯特批判了斯密和萨伊的政府活动是非生产性的理论，认为维持法律和制度、提供公共设施等，是人民创造生产力的前提，国家经费支出是生产性的。这一观点极大地影响了德国财政学的后续发展。

迪策尔在《从人民经济关系观察国家公债法》一书中，旗帜鲜明地提出国家经费的生产性理论，并以此为基础来考察公债的本质和作用。他认为，如果没有抗击外来攻击和侵略的经费支出，将会妨碍人民进行正常的生产劳动；教育能提高工人的劳动能力，宗教能提高国民道德，从而保证生产的有序进行；公共交通设施、公路、运河、铁路建设等费用，都是生产性的。迪策尔的国家支出生产性理论对史泰因和瓦格纳都产生了很大的影响。

史泰因将国家财政分为财政制度和财务行政，并在此基础上提出了国家支出生产性和赋税再生产的学说。他认为，赋税额应与国家向人民提供的产品和服务数额相等，如果赋税超出了该界限，就是非生产性的了，会导致资本形成能力的下降和国家收入的减少。如果财务行政符合国家的经济发展，那么财政支出就会成为人民资本形成的源泉。他对财政支出上限的界定，在当时德国垄断资本主义财政支出不断增长的状况下，具有很大的现实意义。

瓦格纳将财政活动或者公共活动视为国家为履行其职能而必须进行的活动。他指出：国家为完成生产经济方面的任务，需要一定量的财富。这是国家的需要，体现为国家的开支。财政需要大部分由货币需要构成，表现为账簿上的国家支出。为了支付国家支出，财政经济必须发挥所得或收入的经济职能。这种所得在账簿上表现为国家收入，这种消费经济与收入经济的双重职能，就是财政经济的内容。[①] 瓦格纳实际上是从财政收入和财政支出两方面阐述了财政经济的内容，并充分肯定了财政支出的意义。

---

① Wanger R. E.："Public Finance：Revenue and Expenditures in a Democratic Society"，Little Brown & Company，1983：7.

（二）凯恩斯主义的财政支出理论

凯恩斯认为资本主义经济有时候可能无法通过自由竞争而自动保持总供给与总需求的平衡，其原因在于有效需求不足，此时就需要政府的干预，政府干预的手段包括财政收入、财政支出、赤字预算政策等。在凯恩斯看来，公共投资政策是确保接近充分就业状态的唯一方法。通过公共投资政策来提高有效需求，引导民间投资，就能使就业水平发生显著变化。

将凯恩斯理论加以继承和发扬的是美国经济学家汉森。汉森认为，在通货紧缩的条件下，政府应想方设法增加公共投资，增加财政支出，从而促进整个社会有效需求的增加。

贝菲列奇是凯恩斯学说的拥护者，他提出了三项方案来确保充分就业：在税率恒定的基础上增加财政支出；若增加财政支出带来了预算的不平衡，则通过提高税率来实现预算的平衡；在财政支出保持固定的情况下，全面降低税率。

上述理论为本研究阐述政府的财政职能，强调政府的支出责任提供了理论依据。

三、税收公平理论

（一）传统的税收公平理论

税收公平理论较早可以追溯到霍布斯，他认为以消费为基础的公平是较为合意的，课税的公平在于个人之间消费的均等，而不在于同等消费的人之间财富的均等。[①] 霍布斯还指出，个人承担的税负应与其从政府获取的利益成正比。因此，他在税制设计上，主张单一的消费税制度。他认为课税应以个人支出为标准，消费多的人多纳税，消费少的人少纳税，因为消费多的人纳税能力强，消费少的人纳税能力弱，因此符合公平原则。配第在《赋税论》中也提出公平原则，他将税收公平原则概括为公平、便利、节省。所谓公平，是指纳税能力不同的人，税收负担也应该不同。斯密主张每一个国家的人民都应该纳税以支持政府，而税负应尽可能与他们各自在国家保护之下所取得的收入成正比。穆勒对税收公平的界定为税收公平观搭建了一个基本框架。他的核心思想可概括为均等牺牲原则，即在确定每个人应为政府支出缴纳多少税收时，应使得每个人为支付税收而感到的不便既不比别人多也不比别人少。他主张对储蓄

---

① 霍布斯：《利维坦》，商务印书馆，1985年，第219页。

和劳动收入较少征税，而对利息、利润和土地收入征收较多的税。继配第、斯密和穆勒之后，英、法等国的很多经济学家都对税收公平理论进行了研究，如瓦格纳、埃奇沃斯、维克赛尔等。总体来说，传统税收公平理论的观点可归纳为如下几种原则。

1. 受益原则

受益原则是斯密、卢梭等人依据社会契约论和税收交换学说而提出的。他们认为，因政府提供公共产品和服务而受益较多的人，应多纳税；受益较少的人可以少纳税；没有受益的人则不纳税。

受益原则能很好地解释某些特定目的税的设税原理。如我国的车船使用税，谁拥有并使用车船，享受公路或海域的通行权利，接受政府提供的维护通行秩序的公共服务，就应当负担相应的税收，未拥有和使用车船的单位和个人就不需要缴纳该税。但很多财政现象也无法用受益原则解释，如国防、公安、教育等公共服务，其受益主体范围很广，具体谁受益多少很难确定，无法以受益原则来衡量税收是否公平。

2. 量能负担原则

量能负担原则是根据纳税人的负税能力来判定其应纳多少税。负税能力强的人应多纳税，负税能力弱的人应少纳税，无负税能力的人不纳税。该原则因其易于操作而被广泛应用。收入通常被认为是测度纳税人负税能力较好的尺度。收入多的人表示其负担税收的能力较大，反之则较小。如企业所得税和个人所得税就是以量能负担原则设定的税种，累进的个人所得税制则更充分地体现了该原则。但是，收入是从流量的角度来测度纳税人的负税能力，不能衡量纳税人存量角度的负税能力，因此，财产也被认为是测度纳税人负税能力的尺度。如房产税，房产的价值能部分代表纳税人的独立支付能力，且纳税人还可以利用房产来赚取收入。负税能力还可以用消费支出来测度。日常生活消费多者，其负税能力相对较强，反之则较弱。对高档消费品征收消费税就是以支付能力为测度标准体现的量能负担原则。在税收实践中，各国通常是综合运用上述几种测度标准来设计税收制度，体现税收公平原则。

3. 最小牺牲原则

最小牺牲原则要求社会整体因纳税而牺牲的总效用最小。具体来说，如果纳税人 A 最后一个单位的货币效用比纳税人 B 最后一个单位的货币效用小，就应对 A 征税，而对 B 减税或免税，从而使得二人因征税的总牺牲最小，且该过程直至二者因纳税而牺牲的最后一个单位的货币边际效用相等时才停止。

该原则因边际牺牲是个人主观感受而显得理想化，可操作性差。但是，结合边际效用递减规律，最小牺牲原则实际上是累进税制的理论来源。如我国的个人所得税制度，以累进的税率对纳税人征税，来实现税收的公平。未来中国的个人所得税制改革，也应将最小牺牲原则作为理论依据之一。

（二）当代西方的税收公平理论

当代西方的税收公平理论以萨缪尔森、马斯格雷夫以及布坎南的理论为代表。萨缪尔森将税收公平概括为横向公平和纵向公平，即纳税能力相同的人应缴纳相等的税收，纳税能力不同的人应缴纳不等的税收。马斯格雷夫提出税负分配应公平，政府的特定目的税也不能影响税负分配的公平性。相比而言，布坎南的税收公平理论更具有创新性。他从更为宏观的格局来看待税收公平问题，认为税收中的"公平"包含着这样一个问题：国民收入中多大的部分要挤出来用于公共目标？[①] 可见，布坎南的税收公平实际体现的是现在的"宏观税负要适度"的理念。布坎南借用罗尔斯的最大平等自由原理给予了税收公平一个伦理上的界限，并进一步考察和估算了影响税收公平伦理界限的因素。他认为第一个因素是政府的规模。不同规模的政府，其保护性支出（如法律、安全）不同，则税收公平的伦理界限就不同。第二个因素是生产能力。生产能力较高的政府，其规模增加的时候，税收公平的伦理界限会上升，反之则会下降。第三个因素是规模经济。由于大规模经济比小规模经济具有更高的生产率，税收公平的伦理界限在大规模经济中较高，在小规模经济中较低。第四个因素是征税对人们努力工作的激励效应。较高的宏观税负可能会对人们努力工作造成负面激励。概括起来，布坎南对税收公平的伦理界限界定为：公民认为集体索取的产出价值等于征税水平。根据布坎南的税收公平理论，我们在优化地方税体系时，应综合考虑地区规模、地区经济发展水平、规模经济、税收的激励效应等因素，合理确定地方税的宏观税负。

综上所述，税收公平理论主要包括如下几种原则：受益原则、量能负担原则、最小牺牲原则、宏观税负合理原则。这些原则虽然是在资本主义发展的不同时期被提出的，但其核心思想对我国现阶段地方税体系的优化也有很大的借鉴意义。

---

① 布坎南：《自由、市场与国家——80年代的政治经济学》，上海三联书店，1989年，第235页。

四、税收效率理论

(一) 马歇尔的税收效率理论

马歇尔在阐述他的价格理论时,将"消费者剩余"的概念运用于对税收的分析上。马歇尔的"消费者剩余"概念建立在两个假设条件之上:一是消费的边际效用递减,二是边际效用区别于总效用。消费者剩余就是消费者购买物品所得到的满足超过他为此付出的代价。如果消费者的边际效用是递减的,那么消费者购买并消费同类商品中前几个单位的商品时,消费者剩余相对较多,随着购买并消费此类商品的增加,消费者剩余会不断下降。以此为基础来分析税收,马歇尔提出,要对成本递增的行业征税,并给予成本递减的行业补贴,这样就可以提高整个社会的福利水平。显然,马歇尔不仅意识到税收对收入分配具有调节作用,还注意到税收对行业发展有调控作用。恰当的税收(如对成本递增的行业征税、对成本递减的行业补贴)可以促进行业结构的优化,增进社会福利;而不恰当的税收(如对成本递增的行业减税或免税、对成本递减的行业征税)则会造成社会效率的损失。

根据马歇尔的税收效率理论,我们应对成本递减的文化产业相关的产品(如图书、软件、教育等)征收较少的税,甚至给予补贴;而对成本递增的高污染、高能耗产业的产品征收较多的税。基于此,我们应扩大目前消费税和资源税的征税范围。

(二) 庇古的税收效率理论

庇古是较早将效率问题放在税收理论的中心位置进行研究的经济学家,其代表性的税收效率理论是"庇古税"理论。庇古注意到环境污染对社会带来的危害。他指出,企业在生产过程中会产生污水、噪声、废气、废渣等污染物,这些污染物会给其他生产者或消费者的福利造成损害,而企业自身不需要为此付出额外的成本,因此,这一类生产活动会产生外部成本。如果将这部分外部成本以税收的形式内部化为企业的内部成本,则可降低或消除由此带来的福利损失。如图 1-1 所示,D 为需求曲线,S 为企业的内部边际成本曲线,S' 为包含了企业内部成本和外部成本的社会边际成本曲线,$C'C_0$ 就是外部边际成本。

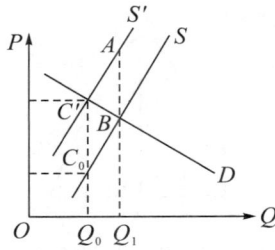

图 1-1 庿古税

在一个竞争市场上，企业的最优产出水平为企业的边际成本曲线 S 和需求曲线 D 的交点处的产出水平，即图中的 OQ_1。但社会福利最优的产出水平是社会边际成本曲线 S' 和需求曲线 D 交点处的产出水平，即图中的 OQ_0。显然，企业最优产出水平高于社会最优产出水平。在没有外部干预的情况下，具有负外部效应的产品会供给过剩，造成社会福利的损失。社会福利损失的量为图中的 ABC' 部分。如果对企业征收数额为 $C'C_0$ 的税收，那么对于企业来说，其内部边际成本与社会边际成本相等。相应地，企业的边际成本曲线会左移到 S' 的位置。此时，企业会在 S' 成本曲线和 D 需求曲线的交点处进行生产，则产出为 OQ_0，该产出水平也为社会最优产出水平。这种使企业外部成本内部化的税收，被称为"庿古税"。"庿古税"金额的大小可以根据污染所造成的损害程度来确定。但现实中，人们更多的是依据消除这一外部成本带来的效率损失所需的花费来估算，如污染的治理费用。

"庿古税"为我们解决外部性问题，从而提高社会经济效率提供了非常有意义的解决方案，也是我们对部分具有负外部性的产品征收消费税，对大气污染物、水污染物、固体废物和噪声等征收环境保护税的理论依据。

（三）供给学派的税收效率理论

20 世纪 70 年代，为摆脱资本主义经济滞胀的局面，美国出现了以拉弗、埃文斯、沃尼斯基等为代表的供给学派。供给学派主张减税、减少国家干预、采取紧缩性货币政策，其税收效率理论的代表是"拉弗曲线"。

一般情况下，提高税率可以增加政府的税收收入。但是当税率超过一定的限度后，过高的税率会导致微观经济主体的税后所得减少，储蓄和再投资减少，税收的超额负担急剧上升，税基缩小，政府的税收收入减少。图 1-2 表现了税率与税收收入之间的关系。

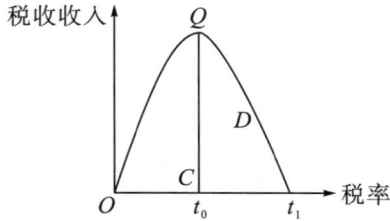

图1-2 税率与税收收入

如图1-2所示，当税率为0时，政府没有税收收入。随着税率的上升，政府的税收收入逐渐增加。当税率上升到t_0时，政府的税收收入达到最多。税率超过t_0后，税率的上升反而带来税收收入的下降。当税率达到t_1后，微观经济主体不再从事生产活动，整个社会没有产出，政府的税收收入为0。税率超过t_0的税收政策是低效或无效的税收政策，t_0Qt_1区域为税收禁区。

根据拉弗曲线理论，我们在优化地方税体系时，应充分考虑纳税主体税负的轻重。过重的税负会侵蚀税基，对地方经济增长形成负激励，既不符合税收的财政收入原则（获得充裕的财政收入），也不符合税收的经济效率原则（尽可能减轻税收的超额负担）。确定合理的地方税税负是优化地方税体系的重要内容。

第二章　地方政府的事权与支出责任

第一节　改革开放以来中国中央与地方间财政
关系的历史演进

自 1978 年党的十一届三中全会以来，我国的改革开放已经走过了四十多个年头了。改革开放的四十多年，是经济体制改革的四十多年，也是财政体制改革的四十多年。在这四十多年里，中央与地方的财政关系主要经历了从财政包干到分税制的改革。

一、1978—1993 年：财政包干

1978 年，是我国经济体制改革的起点，也是财政体制改革的起点。1978—1993 年，是与计划经济相适应的财税体制向与社会主义市场经济相适应的财税体制转型的阶段。这一阶段，政府间财政分配关系经历了多次调整，但其共性可以概括为财政包干。

1980 年 2 月，国务院发布了《关于实行"划分收支、分级包干"财政管理体制的暂行规定》，按照经济管理体制确定的隶属关系，划分了中央和地方的财政收支范围，也称"分灶吃饭"。中央的固定收入主要包括：中央所属企业的收入、关税收入和其他收入。地方的固定收入主要包括：地方所属企业的收入、盐税、农牧业税、工商所得税和地方其他收入。上划给中央部门直接管理的企业，其收入的百分之八十归中央，百分之二十归地方。中央主要承担的支出责任包括：中央的基本建设投资，中央企业所需的资金，国防战备费、对外援助支出，国家物资储备支出，以及中央级的科教文卫事业费，农林、水利、气象等事业费，工业、交通、商业部门的事业费和行政管理费等。地方主要承担的支出责任包括：地方企业所需资金，支援农村人民公社支出，农林、水利、气象等事业费，工业、交通、商业部门的事业费，城市维护费，人防经

费，城镇人口下乡经费，科教文卫等事业费，抚恤和社会救济费，行政管理费等。地方财政包干的基数，按照上述规则划分收支范围后，以 1979 年财政收支预计执行数为基础，经过适当调整后计算确定，一经确定五年不变。这意味着，中央财政和地方财政开始"分灶吃饭"，中央和地方之间的分权代替了原来中央的高度集权。

1985 年 3 月，国务院颁布了《关于实行"划分税种、核定收支、分级包干"财政管理体制的规定》。这次改革基本上按照第二步利改税后的税种划分中央和地方的财政收入。中央固定收入主要包括：中央国营企业的各类税收，铁道部、银行总行、保险公司总公司的营业税，军工企业的收入，关税和海关代征税款，海洋石油、外资、合资企业各项税收，国库券收入，国家能源交通重点建设基金及其他收入。地方固定收入主要包括：地方国营企业和集体企业的各项税收，农牧业税，车船使用牌照税，城市房地产税，屠宰税，牲畜交易税，集市交易税，契税，城市维护建设税和其他收入。中央和地方共享的收入主要包括：产品税，营业税，增值税，资源税，建筑税，盐税，个人所得税，国营企业奖金税，外资、合资企业的工商统一税、所得税等。中央和地方支出的划分基本延续了 1980 年以来的划分模式，即按照隶属关系划分。

1988 年 7 月，国务院发布了《关于地方实行财政包干办法的决定》。其主要特点是将地方的上缴任务或补助数额以绝对数的方式确定下来，并在不同地区执行不同的包干办法，包括收入递增包干、总额分成、总额分成加增长分成、上解额递增包干、定额上解、定额补助等几种模式。

此阶段改革后形成的格局如下：第一，中央与地方之间的财政关系初步稳定和规范。划分中央固定收入、中央固定支出、地方固定收入和地方固定支出，使得中央和地方的收入和支出责任相对透明和稳定，改变了之前中央和地方之间纵横交错的相互依赖关系。第二，地方的财政责任意识初步形成。地方财政"交足中央的，留下的都是自己的"，地方有了增收节支的动力。在此期间，各级财政都普遍加强了财政管理，地方财政收入减去地方财政支出在绝大部分年份大于零，地方财政基本能自求平衡。第三，初步划分了中央税、地方税和中央与地方共享的税种，为分税制改革奠定了基础。通过利改税设立了国营企业所得税，将原工商税一分为四，把营业税、增值税独立出来，并开征了如城市维护建设税、资源税等税种，对个人所得税进行了立法规范，并在此基础上设立了中央税、地方税、中央与地方共享税，为顺利推进分税制改革奠定了初步的基础。第四，中央财政收入占比下降，中央调控能力弱化。此期间，地方财政收入占全部财政收入的比重平均约为 66.24%，中央约为 33.76%；

而地方财政支出占全部财政支出的比重约为 55.91％，中央约为 44.09％。[①]
财政集中度的下降导致中央调控能力不足，中央在稳定经济、促进收入公平分配和协调区域发展等方面出现缺位。

二、1994 年至今：分税制

1994 年起，为解决财政收入占 GDP 的比重过低和中央财政收入占总财政收入比重过低这两个"过低"的问题，我国正式推出了全面的财政体制改革，其最终目标是建立起与社会主义市场经济发展相适应的财政体制。在这次改革中，税收体系改革是核心。该次改革以简化税制和公平税负为主要内容，建立起了以增值税为主，消费税和营业税为辅的流转税体系，同时简并了所得税，形成了现行的以所得税和流转税为双主体税种的税制体系。

这次改革以 1994 年的分税制改革为起点，其实际做法是事权先不动，按税种属性在中央和地方之间划分收入。中央的固定收入包括：关税，海关代征的消费税和增值税，中央企业所得税，地方银行和外资银行及非银行金融企业所得税，铁道部门、各银行总行、各保险总公司集中缴纳的税收。地方固定收入包括：营业税（不含铁道部门、各银行总行、各保险总公司集中交的营业税）、地方企业所得税、个人所得税、城镇土地使用税、城市维护建设税（不含铁道部门、各银行总行、各保险总公司集中缴纳部分）、房产税、车船使用税、印花税、屠宰税、农牧业税、耕地占用税、契税、遗产和赠与税、土地增值税等。中央与地方共享的收入包括：增值税、资源税和证券交易税。增值税中央分享 75％，地方分享 25％；资源税按不同的资源品种进行划分，海洋石油的资源税为中央的收入，其他资源税为地方的收入。证券交易税中央和地方各自分享 50％。该次改革基本搭建起了与社会主义市场经济相适应的税收体系框架。

2001 年，国务院又推进了所得税收入分享改革，其主要内容为：所得税收入（包括企业所得税和个人所得税）从 2002 年起实行中央和地方共享。2002 年所得税收入中央分享 50％，地方分享 50％；2003 年所得税收入中央分享 60％，地方分享 40％；2003 年以后的分享比例根据实际收入情况再考虑。但此后一直延续了 2003 年的分享比例。

至此，我国全部税收收入中占比较大的几个税种均为中央与地方共享税，且中央分享的比例更大。1994 年至今，中央财政收入占全国财政收入的比重

---

① 数据来源：根据《中国财政年鉴（1994）》数据计算而得。

基本保持在 50％左右。但是与此对应的中央财政支出占全国财政支出的比重从 1994 年的 30.29％[①]下降到 2019 年的 14.70％[②]。因此，分税制使中央的实际财政调控能力得到加强。

1994 年以来的分税制改革，是一项力度很大，影响很深远的财政管理体制的创新，建立起了与社会主义市场经济体制基本相适应的政府间财税体制框架，其经验可以概括如下：①"两个比重"显著提高，保证了中央的调控能力。1994 年分税制改革的背景是财政收入占 GDP 的比重过低，中央财政收入占全部财政收入的比重过低，即"两个比重"过低，这使得中央在履行其财政职能时不能很好地发挥其作用。通过改革，财政收入占 GDP 的比重由 1993 年的 12.19％上升到 2019 年的 19.21％。中央财政收入占全部财政收入的比重由 1993 年的 22.02％上升到 2019 年的 46.91％。[③] 中央财政收入比重显著提高，为中央调控经济、调节地区间差异提供了必要的财力支持。②中央与地方间的财力分配关系逐步稳定和规范。分税制改革后，中央与地方的财力分配关系基本上稳定在 50：50 左右。③合理的税权划分提升了中央维护统一市场的能力。增值税、消费税和企业所得税均属于税基流动性强的税种，如果将其财权划归地方容易引起地区间恶性税收竞争。分税制改革将消费税收入全部划归中央，增值税收入的 3/4 归中央，并通过渐进地调整，将企业所得税收入的 3/5 划归中央，促进了商品和要素在全国范围内的自由流动，有效地避免了地方的"割据"。但其不足主要表现为：①收入改革推进顺利，支出改革跟不上进程。1994 年的分税制改革主要集中在收入格局的调整上，事权基本上没动。收入格局的调整也主要集中在提高中央财政收入的比重上。因此，改革后的格局就是财权更多集中在中央，而事权划分不清。在财税体制的实际运行过程中事权又不断下沉，导致地方财政紧张，地方税收收入与地方一般公共预算支出之间的差距不断扩大。1995 年，地方税收收入占地方一般公共预算支出的58.67％。2019 年，地方税收收入占地方一般公共预算支出的比重下降到37.78％。[④] 地方财力的紧缺倒逼地方政府通过各种非税方式获取收入，增加了财政收入的不规范和不透明。这样的局面与社会主义市场经济体制是不相适

---

① 数据来源：根据《中国财政年鉴（1995）》的数据计算而得。

② 数据来源：中华人民共和国财政部网站 http://gks. mof. gov. cn/zhengfuxinxi/tongjishuju/201901/t20190123 _ 3131221. html 公布的 2018 年财政收支情况。

③ 数据来源：根据《中国统计年鉴（1994）》和中华人民共和国国家统计局网站 http://data. stats. gov. cn/sea rch. htm?s 公布的数据计算而得。

④ 数据来源：中华人民共和国国家统计局网站 http://data. stats. gov. cn/search. htm?s 公布的数据。

应的，急需进行改革。②改革侧重效率，触及公平不深。这次改革更多地注重理顺中央和地方之间的收入归属，规范政府与市场之间的关系，促进宏观经济的增长。因此，改革侧重市场作用的发挥、经济增长效率的提高，对收入公平分配的调整相对较少。

第二节　地方政府合理的事权与支出责任

十九大报告在强调加快完善社会主义市场经济体制时提出，加快建立现代财政制度，建立权责清晰、财力协调、区域均衡的中央和地方财政关系。因此，完善社会主义市场经济体制，建立现代财政制度，对中央与地方之间财政关系的要求就很明确：一是权责要清晰，这里的权责既包括收入方面的权责，也包括事务方面的权责和支出方面的权责；二是财力要协调，意即中央和地方之间要形成合理的财力格局，为各级政府履行事权和支出责任提供相应的财力保障；三是区域之间均衡，即提升区域间公共服务均等化水平，保证财政困难地区的兜底能力。要清晰界定中央政府与地方政府之间的事权和支出责任，首先要明确政府与市场之间的边界，即政府的财政职能。

一、政府的财政职能

政府与市场的关系是市场经济产生以来，各国都在不断争论和探索的命题。西方历经了政府仅作为"守夜人"角色—政府积极干预市场—政府与市场应有合理的边界（政府既不仅仅为"守夜人"，也不是凯恩斯时代的积极型政府）的过程。现代市场经济条件下，政府必须履行好其职能，但同时又必须约束好自己，这个界限在不同的经济发展阶段的要求是不同的。

财政是政府经济活动的一个重要部分，是政府职能在社会产品分配和再分配中的体现，是政府实现其职能的一个重要手段。传统的财政职能包括资源配置、收入分配和稳定经济。财政资源配置职能是指政府或公共部门通过政治程序介入公共产品的供应，以调整和引导现有社会经济资源的流量和流向，从而实现资源的充分利用和优化配置。财政在履行收入分配职能时，通常运用税收政策、转移支付政策、公共支出政策等来调整国民收入分配的格局。政府还可以通过税收、财政支出、发行公债等财政活动，对生产、消费、储蓄和投资等产生影响，从而实现相对充分的就业、适度稳定的物价和合理的国际收支状况等目标。

在当前经济环境下，中国政府面临一些新的社会冲击。这些冲击主要包括环境问题、居民身体健康和心理健康、贫富差距、日益频繁的国际摩擦等。在此背景下，部分学者对现阶段中国的财政职能进行了重新审视。吕冰洋（2017）将现代财政职能概括为保护性职能、生产性职能、分配性职能。[①] 李建军（2016）集中研究了现代财政制度下税收的职能，将税收职能分为经济职能、社会职能和政治职能。其中经济职能实际上就是传统财政理论对财政职能的界定，即包括财政收入、资源配置、经济稳定与增长；社会职能包括促进社会公平正义、支持社会公益、抑制环境污染等。政治职能包括抑制社会公害、支持社会公益、公平收入分配。[②] 朱长才（2014）将新形势下财政职能定位于资源配置、收入分配、调控稳定和监督管理。[③] 监督管理职能是我国财政学界部分学者一直支持的财政职能之一，因此，该种财政职能的概括主要是将传统的"经济稳定"职能调整为"调控稳定"职能，更加强调宏观调控的作用。笔者认为，财政职能的内容是随着经济和社会的发展而变动的。现阶段对财政职能重新界定，并不是对传统财政三职能的否定，而是对三职能的拓展和延伸。具体情况如表 2-1 所示。

表 2-1　财政职能

财政职能	含义	内容和手段
资源配置	政府通过财政收支以及相应的其他财税政策，调整和引导经济资源的流向，以实现资源的优化配置	1. 调节全社会资源的配置，合理界定政府与市场的边界。 2. 确定财政收入占 GDP 的合理比例。 3. 调节资源在不同地区、不同产业之间的配置。 4. 通过政府投资，撬动和引导民间投资。 5. 通过税收政策，引导和调节产业结构，推动产业升级。 6. 提高财政资源本身的配置效率
收入分配	通过财政分配活动实现收入在全社会范围内的公平分配，将贫富差距保持在可接受的范围内	1. 促进公共服务均等化。 2. 运用税收调节收入公平分配。 3. 通过转移支付手段调节收入分配。 4. 通过提供公共物品和服务向公众分配社会福利。 5. 合理运用国有资本经营收益，促进收入公平分配

---

① 吕冰洋在 2017 年 10 月 28 日第三届"大宏观·全国论坛"上发言的观点。
② 李建军：《现代财政制度下的税收职能探析》，《税务研究》，2016 年第 1 期，第 28 页。
③ 朱长才：《新形势下财政职能的重新定位》，《财政研究》，2014 年第 7 期，第 45~46 页。

财政职能	含义	内容和手段
稳定经济	财政通过收入和公共支出手段，实现充分就业、物价稳定和国际收支平衡等目标，以保证宏观经济的稳定增长	1. 采用相机抉择的财政政策，保持社会总需求和社会总供给的平衡。 2. 建立跨年度预算平衡机制，实行中期财政规划管理。 3. 发挥转移支付和税收"自动稳定器"的作用。 4. 通过投资、补贴和税收政策等手段，促进基础产业的发展。 5. 增加社会性、公益性的支出，为经济和社会发展创造良好的环境
维护公共秩序	政府通过财政收支活动，管理具有前瞻性的财政事务，维持社会的可持续发展	1. 通过财政收支，保护环境。 2. 通过财政收支，支持具有较大正外部性的公益性产品和服务的生产。 3. 财政推进法治建设。 4. 防范和及时处理具有公共风险的事件。 5. 引导和规范社会组织参与社会公共事务。 6. 支持国防建设

反观我国现阶段财政职能的履行，还存在"缺位"与"越位"之处。"缺位"之处表现为对于财政职能范围之内的事务，财政并未履行其职责，或者履行的职责未达到公众需求。其中，"缺位"尤其体现在新的社会冲击带来的事务上，如新型城镇化带来的流动人口的社会保障、流动人口随迁子女的义务教育、养老服务、跨地区大型基础设施建设、环境保护等。中央和地方及地方之间对应该履行事务的推诿和扯皮，导致相应的公共产品或服务没有主体提供，或者提供不足。比如对流动人口随迁子女义务教育，中央补助的金额很少，人口流入地政府提供的义务教育又主要针对户籍人口，这部分公共产品的提供就存在中央、流入地政府和流出地政府之间的推诿，导致其提供不足。"越位"表现为与市场提供相比，政府提供低效或无效，但政府仍然在提供该类公共产品或服务的现象。"越位"现象主要是因为政府有扩大预算规模的冲动，造成政府对市场干预过多。"越位"在我国现阶段主要体现为过多的行政审批、政府直接投资于市场运行更有效率的领域。

二、中央与地方之间事权与支出责任的划分

（一）目标

中央与地方之间的财政关系是绝大部分市场经济国家都需要妥善协调的问题。一般认为，联邦制国家更倾向于分权，而单一制国家更倾向于集权。但是最近几十年的发展历史表明，联邦制国家中联邦政府承担的财政责任也越来越

多，而单一制国家也将更多的财政责任下放到地方政府，两类国家的财政分权程度总体上逐渐趋同。我国中央和地方之间的事权与支出责任的划分是自1994年分税制改革以来，一直需要改革而又因许多障碍还未进行改革的领域。现阶段其问题主要体现在：一是财政事权与支出责任的划分缺乏必要的法律依据；二是中央与地方共同财政事权过多，且各自应承担的支出责任未划分清楚；三是财政事权下沉到基层政府，基层政府的财力不能匹配其支出责任；四是缺乏对新增事权的动态协调机制。

现阶段，重新划分中央与地方之间事权与支出责任是为了建立权责清晰、财力协调、区域均衡的中央与地方财政关系，使得各层级政府能更有效地履行其财政职能。权责清晰就是形成中央统一领导、分级治理的财政共治模式，每级政府的事权、支出责任都依法规范，新增事权有规范的协调机制，政府与市场之间、各级政府之间各就其位，高效履行各自的职能。财力协调是指中央和各级地方政府之间的财力格局要合理，各级政府的财力与其支出责任基本匹配。区域均衡是指财政需保证相对落后地区的兜底责任，充分履行收入公平分配的职能，实现现阶段以人为核心的基本公共服务均等化目标。

（二）影响因素

在存在多级政府的情况下，明确各层级政府各自应履行的职责，是保证相关公共产品得到有效提供，实现公共利益最大化的前提。但不同时期影响政府间事权与支出责任划分的因素可能有所不同。现阶段，我国中央与地方之间事权与支出责任的划分主要受如下因素的影响：

第一，行政管理体制。我国之所以在政府间财政关系的推进上步伐迟缓，主要因为我国是一个大国，国土面积大，人口多，行政层级复杂，需要协调的利益主体众多。我国《宪法》第一章第三十条对我国的行政区域划分如下：全国分为省、自治区、直辖市，省、自治区分为自治州、县、自治县、市，县、自治县分为乡、民族乡、镇。因此我国是五级行政管理体制，即中央、省（自治区、直辖市）、市、县（自治县）、乡（民族乡、镇）。一级政府匹配一级财政，我国的财政管理体制也是五级财政管理体制。这种层级较多的财政管理体制的弊端主要表现为：中央和基层沟通过程中信息较容易发生扭曲，信息沟通效率低下；转移支付效率低下；政府间博弈主体众多，协调成本高；行政管理占用较多的财政资金。我国多层级的行政管理体制决定了中央与地方之间的财政关系不会是过于集权的模式。同时，《中华人民共和国地方各级人民代表大会和地方各级人民政府组织法》又规定：全国地方各级人民政府都是国务院统一领导下的国家行政机关，都服从国务院。而且，我国地方行政官员是由上级任命的，地方官员主要对上负责。这些因素决定了我国中央与地方之间的财政关系也不会过于分权，地方的独立自主能力比较有限。我国目前虽已有 4/5 以上的省份进行了不同形式和不同程度的"省直管县"财政体制改革，但有研究表明，"省直管县"改革加剧了县与县、县与市之间的恶性税收竞争，最终税收竞争带来的损失与层级简化带来的收益孰大孰小尚无定论。[①] 在"省直管县"对经济增长的影响方面，第一产业占比较大的地区效果较好，经济发展水平较高的地区效果相对较弱。[②] 因此，既有的行政管理体制在很大程度上影响中央与地方之间的事权与支出责任的划分。

第二，路径依赖。诺思认为，路径依赖类似于物理学中的"惯性"，一旦进入某一路径，就可能对这种路径产生依赖，某一路径的既定方向会在以后发展中得到自我强化。各国由于经济、政治、历史、文化等的不同，财政体制也有较大差异。比如，美国以邦联建国，其中央的权利来源于各州权利的让渡，因此，其分权的程度较高，是典型的财政联邦主义国家。英国是一个单一制国家，地域较小，人口较少，政府层级简单，中央高度集权，但其四个地区的自主权和政府结构也各有不同。日本也为单一制国家，各地方被认为是中央政府的分支机构。第二次世界大战后，美国对日本进行了地方自治改革，但其历史集权的传统对分权进行了顽强的抵抗，使其仍然保持中央主导的格局。我国是一个有几千年集权历史的国家，现有的市场经济体制也由计划经济体制转轨而来，政府对市场干预的深度比一般市场经济国家更深，中央的集权程度也比一般市场经济国家更高。在划分事权与支出责任时，中央拥有更大的主动权，如果没有法律规范，中央有下移事权的冲动和能力。

第三，地区间经济的均衡程度。美国的转移支付制度是市场经济国家中比较特别的，即主要是专项转移支付，而无一般性转移支付。其原因是美国各地区经济发展差距不大，不需要通过联邦集中财力，然后通过均衡性转移支付来平衡各地区的财力。我国是一个有 34 个省级行政区域的国家，截至 2018 年底，我国尚有贫困县 592 个，其中西部地区 375 个，民族八省区 232 个。2019年，北京市人均 GDP 达到 164220 元，而甘肃省人均 GDP 为 32995 元，北京人均 GDP 为甘肃的 4.97 倍。人均可支配收入最高的上海市是最低的西藏自治

---

① 贾俊雪、宁静：《纵向财政治理结构与地方政府职能优化——基于省直管县财政体制改革的拟自然实验分析》，《管理世界》，2015 年第 1 期，第 17 页。

② 郭艳娇、王振宇：《省直管县是否能够显著影响经济增长？——基于荟萃回归分析方法》，《财政研究》，2018 年第 6 期，第 39 页。

区的 3.56 倍。[①] 因此，我国中央必须集中大部分的财力，维护中央的领导地位，平衡地区间差距。平衡地区间差距的手段主要是转移支付政策，也可以是税收和政府投资。转移支付包括纵向转移支付和横向转移支付。纵向转移支付需要中央集中财力来实现，横向转移支付需要中央制定政策进行引导。因此，不管哪种方式均需要中央集中更多的权力，行使其相应的职能。

第四，外部冲击。内因是事物发展的根本原因，外因是事物发展的外部条件。中国的历史和现实决定了中央会集中更多的财力，承担更多的职责。但现阶段一些外部冲击会带来一些中和因素，这些因素将削弱中国对中央集权的需求。现阶段的外部冲击主要包括：信息革命、居民自治意识的崛起。信息革命是指由于信息生产、处理手段的高度发展而导致的社会生产力、生产关系的变革。信息革命使得信息的处理成本降低，扭曲性变小，对中央和地方财政关系的冲击表现为政府层级可以趋于扁平化，基层信息可以迅速到达中央。信息传递方式也不必是由乡镇到县、由县到市、由市到省、由省到中央这样逐级传递。如果信息传递平台比较通畅，可以实现县乡信息甚至居民个人信息直接传递给中央。信息处理速度也可以变得更加迅捷。通过信息处理的专业化分工，可以由专门的部门和专业的技术人员集中对信息进行加工和处理，这样能极大提高信息处理速度，并可减少多层级多主体处理信息可能引起的信息扭曲和信息不一致现象。居民自治意识的崛起要求政府将传统的部分职能剥离出去，由社会团体来承担，比如慈善救助、行业管理、社区自治等。但居民自治意识的崛起也将提高社会对政府履行部分职能的要求，比如要求政府建立更加完善的法制体系、创建更加公开透明的政府与居民互动平台、维护更加公平合理的市场机制。

（三）划分的原则

政府在中央与地方之间进行事权和支出责任的划分时，是让中央集中更多的事权和支出责任，还是将更多的事权下放给地方，实际上是多方利益主体博弈和权衡各种利弊的结果。集权的好处是：符合大国均衡发展的要求，政府履行职能时减少各级政府之间摩擦带来的效率损失，面对紧急事件时政府反应及时而高效。分权的好处是：地方政府更了解当地居民的真实需求，从而能更精准地提供公共产品和服务。那么，如何合理地划分中央与地方之间的支出责任，使各级政府各司其职，高效地提供公共产品和服务，同时又能兼顾地区之

---

① 数据来源：根据中华人民共和国国家统计局网站 http://data. stats. gov. cn/search. htm?s 数据计算而得。

间的均衡发展和以人为核心的公共服务均等化，应以如下三方面作为出发点：

第一，依公共产品或服务的受益范围划分事权。根据公共产品理论，公共产品或服务是与私人产品或服务相对应的一个概念，该类产品或服务具有效用的不可分割性、消费的非竞争性和非排他性的特征，一般不能或不能有效地通过市场机制提供，因而主要由政府来提供。受益范围为全国的公共产品或服务，应由中央负责提供。受益范围局限于某一地区的，由该地区政府负责提供。受益范围跨省（区、市）的，由中央和省级政府共同负责，跨市（县）的，由省级政府和市（县）级政府共同负责。依据该原则，涉及国家主权、全国统一市场、经济总量平衡、区域均衡等领域的事权与支出责任，应集中到中央。涉及特定地区居民福利、各地区有差别性的事权与支出责任，可下放到市（县）级政府。涉及"保基本＋因地制宜"的事权与支出责任、跨地区的事权与支出责任，应由相应层级的政府共担。

第二，兼顾政府职能和行政效率。在履行资源配置职能时，涉及资源在政府部门与非政府部门之间的配置、资源在各地区各行业之间配置的事权，中央承担更具有效率。资源配置的具体执行、引导民间投资等事权，由于各地区的资源禀赋各有不同，地方政府承担该类事权更能实现相应目的。在履行稳定经济的职能时，因只有中央政府具有相应的政策工具，且在经济资源全国流动的条件下，经济的不稳定具有外溢性，该类事权与支出责任只能由中央承担。涉及收入公平分配的事权和支出责任，宜由中央统一协调，由中央和较高层级的地方政府负责基本标准的部分，如基本养老保险、基本医疗保险、义务教育等。该类事权涉及的信息标准化程度较高，甄别比较容易，中央或较高层级政府承担具有规模经济效应。而照顾特殊困难群体、在基本标准以上提供公共产品或服务的事权，因信息分散，甄别成本高，更适宜由基层政府承担。政府在履行维护公共秩序职能时，与整个社会持续发展密切相关的事权应由中央承担，如环境保护、基础科学研究、优秀文化的传承等。而与居民日常生活息息相关的事权，由基层政府提供更有效率，如城乡社区事务、乡村文化建设等。

第三，充分发挥中央和地方两个积极性。合理确定中央和地方之间的事权和支出责任，应使各级政府提供公共产品和服务的成本和收益是对称的。通过制度设计，各层级政府在提供相应公共产品或服务时均存在内在激励，它们按照局部利益最大化进行选择的结果是提供优质的公共产品和服务，满足社会共同需要。中央通过适当授权、权责法治化、预算硬约束等，激励地方政府高质量提供本辖区范围内的公共产品和服务，避免出现地方为追求局部利益而损害全局利益的情况。尽量减少政府间的共同事权。如果部分事权根据其性质必须

由多级政府共担，则应以法律形式规范各级政府各自承担的比例，并以列举的方式细化各级政府的事权范围，避免事权虚化带来的推诿和扯皮。

三、地方政府的事权、支出责任及支出规模

（一）地方政府事权与支出责任的理论分析

中央与地方财政关系的基础是事权，围绕事权履行的是支出责任的划分，而支出责任的承担需要有足够的财力作为支撑。因此，事权、支出责任和财力三者就组成了中央与地方财政关系的主要内容。在我国中央与地方事权划分的博弈过程中，中央占主导地位，有更多的话语权和决策权，而地方拥有信息优势。因此，中央有下移事权、上移财权的动力；而地方有隐瞒信息，通过非正式渠道获取财力的冲动。也就是说，中央虽然占主导地位，但是地方可以利用信息不对称为自身谋取利益，因此逆向选择和道德风险不可避免。在中央和地方的博弈过程中，中央的理性策略为：在事权划分上，尽可能将事权下移到地方；在财权分配上，尽可能将更多财权集中到中央。地方的理性策略为：隐瞒有关地方财政收入和财政支出的真实信息，获取更多的转移支付；在政策允许的范围内，以非税形式获取尽可能多的收入。

为避免中央与地方事权软性划分带来的效率损失，应以立法形式明确中央与地方的事权与支出责任，约束中央下移事权的冲动，减少各层级政府间推诿和扯皮导致的某些事权没有任何层级的政府提供，而某些事权各层级政府均在提供的现象。中央与地方的共同事权要有明确的委托代理关系和配套的转移支付，让支出责任真正成为政府事权在支出上的体现。事权划分严格按照受益原则、兼顾政府职能和行政效率原则、充分发挥中央和地方两个积极性的原则进行。

（二）地方政府的事权与支出责任

中国目前政府间事权与支出责任的划分主要存在如下问题：①财政事权与支出责任的划分缺乏必要的法律依据。我国只有《宪法》从总体上规定了中央与地方政府的组织形式以及"中央和地方的国家机构职权的划分，遵循在中央的统一领导下，充分发挥地方的主动性、积极性的原则"①。其余的有关中央与地方政府之间事权和支出责任的划分都散落在各具体的法律法规中。如有关环境事权的划分，《环境保护法》《水污染防治法》《海洋环境保护法》等法律

---

① http://www.npc.gov.cn/npc/xinwen/node_505.htm。

法规，以及其他行政规章和制度均有相应的规定。因此，我国缺乏一部专门的规范中央与地方财政关系的法律，其结果是我国中央的放权与收权缺乏相应的法律依据，政府间财政关系不稳定，降低了地方政府履行事权的积极性。②政府间事权划分不符合受益原则、兼顾政府职能和行政效率原则、充分发挥中央和地方两个积极性的原则。地方政府承担了部分涉及国家主权、跨区域、外溢性很强的事权与支出责任，如外交管理事务、国防建设、跨区域环境治理、基础科学研究等。许多受益范围很窄，省级政府提供行政效率低下的公共事务，如农村危房改造、城乡社区住宅等。而市县级政府也承担了部分受益范围广，具有一定宏观调控功能的事权。如大多数市县级政府均承担了一定数额的国防支出、大气污染防治支出等。其中大气污染防治支出越是基层政府，承担的比重越大。① 另外，各层级政府相似事权较多，事权划分依托行政分权而进行。上下级政府间缺乏独立性，各层级政府之间的区别主要是决策权的大小，而不是事权范围的大小。很多事权各层级政府均在承担，导致支出责任交叉重叠。③财政事权下沉到基层政府，基层政府的财力不能匹配其支出责任。2019年地方政府财政收入为101080.61亿元，地方一般公共预算支出为203743.22亿元，地方财政收入为地方一般公共预算支出的49.61%。② 市（县）级政府各地区差异很大。如青海杂多县2017年县本级财政收入仅1003万元，而本级支出为130435万元，本级财政收入占本级支出的比重不到1%。③ ④缺乏对新增事权的动态协调机制。随着社会主义市场经济的发展，社会经济环境越来越复杂，居民对公共物品的需求也在变化，政府和居民面临的公共风险也随之变化。在"自上而下"划分事权与支出责任的背景下，新增事权往往都落在基层政府身上，这无疑加剧了基层政府财力与支出责任的不匹配程度。如重大公共卫生专项、突发公共卫生事件应急处理、学前教育、污染防治等是近年来供需矛盾较大的公共物品，其供需矛盾带来的公共风险日益凸显，而提供该类公共物品的支出责任绝大部分落在地方政府身上，其中部分事权与支出责任中央承

---

① 如2019年大气污染防治支出地方承担了全部支出的98.11%（数据根据中华人民共和国财政部网站 http://yss.mof.gov.cn/20198 czjs/全国一般公共预算支出决算表和2019年地方一般公共预算支出决算表计算而得）。

② 数据来源：根据《中国统计年鉴（2020）》的数据计算而得。

③ 数据来源：根据杂多县人民政府网站 http://www.zaduo.gov.cn/html/1103/Item.html 公布的"杂多县2017年财政决算的报告"计算而得。

担部分甚至不足 1%。[①]

现代财政制度要求政府财政职能的履行应以人为核心，即围绕为人民提供公共产品和服务而展开。政府间事权与支出责任划分也应以人为核心，每级政府均成为直接为居民提供相应公共产品和服务的主体，减少各层级政府间公共事务的雷同，使每级政府承担的事权与支出责任"实体化"。中央提供全国范围内的公共产品和服务，市县级政府成为直接为居民提供公共产品和服务的主体，省级政府负责跨市（县）公共产品和服务的提供，事权与支出责任划分遵循"葫芦型"结构。具体如下：

第一，一般公共服务。统计信息、税收、审计、海关、质量技术监督与检验检疫及民族等事务，涉及国家发展和民族团结，受益范围超过某一区域，应在全国范围统筹。而且，在信息化飞速发展的背景下，将这类事权集中在中央有利于各领域数据的共享，提高行政效率。省级政府和市县级政府各自承担相应的同级党政机关的事务。

第二，外交及国防。外交及国防支出的事权应全部集中到中央。外交及国防是涉及国家主权的事务，其受益范围为全国，全部由中央承担其事权与支出责任更具有效率。

第三，公共安全。如缉私、禁毒、跨地区民事和刑事、重大刑事以及司法事权等的受益范围超过某一地区，应将该类事权与支出责任集中到中央。

第四，教育。义务教育，即小学教育、初中教育等信息相对分散，其事权划归市县级政府更符合行政效率原则，但我国区域之间义务教育水平差异较大，需由中央负责平衡各区域之间的差距，即由中央统一制定和调整基础标准。因此，综合考虑效率和公平，应将义务教育确定为中央和地方共同的事权，并按照具体事项细化。高中教育信息的分散程度较义务教育低，但比高等教育高，其事权可主要由省级政府承担。高等教育服务范围广、信息相对简单和集中，其事权主要归属中央具有规模经济效应。职业教育根据具体受益范围由省及以下层级的政府承担主要的支出责任。成人教育、广播电视教育、留学教育及其他教育可逐步交由市场负责，市县级政府承担监督职责。

第五，科学技术。基础研究投资大，受益周期长，受益范围广，其事权和支出责任主要由中央承担。涉及国家重大战略、重大产业布局和规划、事关国

[①] 如重大公共卫生专项支出中央支出占比 2018 仅为 0.81%，2019 年为 1.06%；学期教育支出中央支出占比 2018 年仅为 0.64%，2019 年为 0.58%（数据根据中华人民共和国财政部网站 http://yss.mof.gov.cn 2018 年和 2019 年全国一般公共预算支出决算表、中央本级支出决算表计算而得）。

计民生的应用研究和技术研究开发由中央承担事权和支出责任。地方政府根据中央基础研究和应用研究规划，结合本地区实际自主设定的研究计划由地方承担事权和支出责任。科技创新基地建设和发展、科技人才队伍建设、科技成果转化、区域创新体系建设、科学技术普及、科研机构改革和发展建设等事项，按照隶属关系分别由中央和地方承担相应的事权和支出责任。

第六，文化体育与传媒。文化、体育及传媒均属于外溢性很强，提供的边际成本较低的公共产品，应以省及以上层级的政府提供为主，省以下层级的政府执行部分具体事务为辅。

第七，社会保障和就业。基本养老保险、基本医疗保险、基本生活救助和基本就业服务是居民生存和发展所需要的最基本条件，是公平正义原则最基本的要求，应主要由中央承担这类事权与支出责任。而且，由中央提供基本养老保险、基本医疗保险、基本生活救助和基本就业服务还有利于劳动力要素的全国流动，有利于统一市场的形成和维护。死亡抚恤、退役安置、殡葬、临时救助等信息零散、获取和确认成本相对高，其事权适宜归属市县级政府，省级政府承担监督职责。红十字事业则可交由社会机构来承担。

第八，医疗卫生与计划生育。食品和药品监督、基本公共卫生服务的基本标准部分、重大公共卫生服务等的受益范围往往是全国性的，且这类事权如果一旦出现负面效应，地方政府无法控制，因此，该类事权与支出责任应归属中央。计划生育、医疗保障、医疗卫生能力建设等根据隶属关系由中央和地方分别承担相应的事权与支出责任。基层医疗卫生、妇幼保健、采供血等事务则适宜归属市县级政府。

第九，节能环保。环境保护属于外溢性较强的公共产品，尤其是环境保护法规及标准的制定、大气污染防治、跨区域的水污染治理等，这类事权适宜由中央统一负责。但是地区性的湖泊及河流的维护和治理、固体废物及化学品防治、噪声防治等却因为受益范围窄，且不同地区差异大，更适合由地方政府负责。

第十，城乡社区。城乡社区事务的受益范围小，信息零散，市县级政府才能较精准地了解其供需矛盾。这类事务应全部由市县级政府承担。

第十一，农林水。农业政策法规、跨省森林资源保护、跨省水利工程建设、南水北调、普惠金融政策法规等事权涉及全局利益，应由中央承担事权和支出责任。省域内跨市县的森林资源保护、跨市县的水利工程建设、扶贫等事务，应由省级政府承担事权与支出责任。农垦运行、农业生产、农村道路建设、农业防灾救灾、农田水利、农村人畜饮水、农村基础设施建设、农业综合

开发等具体涉农事务，因各地区自然环境和地质条件差异大，宜因地制宜处理，由市县级政府负责。农业产业布局与产业化经营、农产品质量安全、重大农业灾害、重大林业灾害等事务有较大的外溢性，该类事务如果产生负面效应，将超出市县级政府的承担能力，应由省级政府统筹，由市县级政府具体执行。

第十二，交通运输。中央政府应主要承担国道、界河桥梁、边境口岸汽车出入境运输管理、长江干线航道、西江航运干线、国境和国际通航河流航道、中央管理水域水上安全监管和应急救助打捞、铁路的宏观管理、中央决策的铁路公益运输、空中交通管理、民航安全管理、专项任务机队建设和运营、重大和紧急的航空运输、邮政普遍服务和特殊服务主干网络、邮件和快件出入境设施等事权与支出责任。国家级口岸公路、国家区域性公路应急装备物资储备、重大海上和河上事务发展和处理、跨区域铁路和民航、邮政安全管理等由中央承担规划、决策和监督责任，地方承担具体运营和管理事权。省级政府主要承担省内城际公路、省道、内河航道、城际铁路、支线铁路、铁路专用线等事权与支出责任，市县级政府承担县道、市区内公共交通、城乡公路、农村公路建设和维护等事权与支出责任。

第十三，资源勘探信息。资源勘探开发外溢性强，其正面或负面效应实际上均由全民承担，因此，其事权与支出责任应由中央承担。另外，中央国有资产监管、行业监管法律法规制定等事权与支出责任也应由中央承担。省属国有资产监管的事权与支出责任应由省级政府承担。市县级政府所属国有资产的监管、行业监管法律法规的具体实施等事权与支出责任则应由市县级政府承担。支持中小企业发展和管理需要中央从全局利益出发进行总体布局，市县级政府具体实施。

第十四，商业服务业。商业服务业受益范围一般限于市县，且因各地区要素禀赋有差异，该类事权与支出责任应由市县级政府承担。商业服务业还属于政府有动机和较容易越权的领域，市县级政府应紧守市场监管事权界限，减少并逐步消除对旅游业、涉外发展服务等领域的直接补助。

第十五，金融。金融部门监管、金融稽查与案件管理、金融行业建设与管理、金融发展、金融调控等属于外溢性很强，涉及宏观经济稳定的事务，应由中央承担事权与支出责任。金融支持地方经济发展事务则应由市县级政府具体实施。

第十六，援助其他地区。援助其他地区事务需要协调各区域利益主体的利益，地方没有从全局利益出发的视角，也没有动力去实施，该事权与支出责任应完全由中央政府承担。

第十七，国土、海洋、气象等。国土资源管理、海洋管理、气象事务、地震监测及灾害预防、防灾信息管理等事权的履行需要有全局意识，并进行统一管理，应交由中央政府承担。地震应急救援的具体实施需要市县级政府的配合，但支出责任也应由中央承担。

第十八，住房保障。住房保障支出事权需要由中央统一协调，制定基本标准，其目的是满足居民的基本居住需求，如保障性安居工程基本标准的制定。但是，住房保障的具体要求在不同地区间又有较大差异，需因地制宜处理。如农村危房改造、城乡社区住宅等各地区差异较大，这部分事权与支出责任应由中央委托市县级政府具体实施，其支出责任由中央通过专项转移支付的方式承担。

第十九，粮油物资储备。粮油物资储备事关国家经济安全和民心稳定，应由中央政府承担事权与支出责任。

第二十，其他。各行业运转应该回归市场调节，各级政府负责监督和引导。

具体事权与支出责任划分及内容见表2-2。

表2-2 中央与地方政府事权与支出责任划分

类型	中央政府事权和支出责任	省级政府事权和支出责任	市县级政府事权和支出责任	中央政府委托市县级政府的事权
一般公共服务	同级党政机关事务	同级党政机关事务	同级党政机关事务	
外交、国防	外交管理、驻外机构、对外援助、国际组织、对外合作与交流、国防			兵役征集、人民防空、国防教育、民兵训练
公共安全	武装警察、国内安全、反恐、国际警务合作、重要领导的安全警卫、检查、法院、司法等	公安、监狱等	消防、禁毒管理、道路交通管理、拘押收教场所管理、普法宣传、法律援助等	
教育	部分高等教育、义务教育均等化部分	部分高等教育、高中教育、高等职业教育、进修及培训等	部分义务教育、初等职业教育、中专教育、技校教育、职业高中教育、特殊教育等	

续表2-2

类型	中央政府事权和支出责任	省级政府事权和支出责任	市县级政府事权和支出责任	中央政府委托市县级政府的事权
科学技术	基础研究、科技交流与合作、重大科学工程。	应用技术研究与开发、科学技术条件与服务、科学技术普及等	科技成果转化与扩散、技术创新与服务体系、科普活动、科技活动及交流等	
文化体育与传媒	国家级文物保护、国家级图书馆、国家级博物馆、国家级纪念馆、特殊文物保护、文化与体育交流与合作、文化与体育产业发展、新闻传媒管理等	省域范围内的文化传播、文物管理、历史名城与古迹管理等	基层图书馆、基层博物馆、基层纪念馆、地方文物保护、运动项目管理、群众文化和体育等	
社会保障和就业	基础养老保险、基本医疗保险、重大灾害救助、行政区划和地名管理等	失业、工伤等其他保险补助、社会保险业务管理、民间组织管理、地方自然灾害救助等	最低生活保障、公共就业服务、社会救助、一般民政事务管理、社会抚恤、退役安置、其他社会福利	
医疗卫生与计划生育	食品和药品监督管理、重大和突发公共卫生事件管理、基本公共卫生服务、传染性疾病管理等	公立医院、中医药	基层医疗卫生、妇幼保健、采供血、特殊疾病防治与管理、医疗救助等	
节能环保	环境保护法规及标准、环境国际合作、环境保护宣传、重大跨区域环境保护事务、能源管理等	地区性河流及湖泊的维护和治理、退耕还林工程、生物及物种资源保护、环境监测与监察、循环经济及能源节约利用等	水体、噪声、固体废弃物与化学品管理事务，农村环境保护，其他节能环保事务	
城乡社区事务			城乡社区管理、城乡社区公共设施、城乡社区环境卫生、建设市场管理与监督	

类型	中央政府事权和支出责任	省级政府事权和支出责任	市县级政府事权和支出责任	中央政府委托市县级政府的事权
农林水事务	国家粮食安全、农业政策法规、跨省森林资源保护、跨省水利工程建设、南水北调、普惠金融政策法规、对外交流与合作等	省域内跨市县的森林资源保护、跨市县的水利工程建设、扶贫等	农垦运行、农业生产、农村道路建设、农业防灾救灾、农田水利、农村人畜饮水、农村基础设施建设、农业综合开发	
交通运输	跨省公路水路、铁路、民用航空、港口建设、远洋运输、邮政业、成品油价格改革对交通运输的补贴等	省内城际高速公路、省级道路、省内水运和港口建设等	县道、市区内公共交通、城乡公路、农村公路建设和维护等	
资源勘探信息事务	中央国有资产监管、重要资源勘探开发、电力监管	省属国有资产监管、工业和信息产业支持、其他制造业监管	所属国有资产监管	安全生产监管、支持中小企业发展专项
商业服务业事务			市场监测及信息管理、旅游行业管理、外商投资环境建设、服务业基础设施建设等	
金融监管	金融部门监管、金融稽查与案件管理、金融行业建设与管理、金融发展、金融调控等		金融支持地方经济发展	
援助其他地区事务	援助其他地区			
国土海洋气象等事务	国土资源事务、海洋管理事务、测绘事务、地震事务、气象事务			

续表2-2

类型	中央政府事权和支出责任	省级政府事权和支出责任	市县级政府事权和支出责任	中央政府委托市县级政府的事权
住房保障	住房保障基本标准的制定			廉租住房、沉陷区治理、棚户区改造、农村危房改造、公共租赁住房、城乡社区住宅等
粮油物资储备事务	粮油事务、物资事务			
其他	其他事务	其他事务	其他事务	

（三）事权与支出责任重新划分后地方支出规模的测算

上述对中央与地方之间，以及地方省级和市县级之间事权和支出责任调整的总体方向是：事权与支出责任更多由地方上移至中央，地方的事权和支出责任更多由市县级政府承担。下面我们按照调整后的模式，根据2016—2018年中央和地方财政支出决算数据，对调整后中央和地方的支出规模进行初步的测算①，其结果具体见表2-3。

表2-3　事权和支出责任调整后中央和地方支出规模的测算

单位：亿元

类型	2016		2017		2018		备注
	地方上移中央	中央下移地方	地方上移中央	中央下移地方	地方上移中央	中央下移地方	
一般公共服务	1910.66		2070.84		2253.53		上移统计信息、税收、审计、海关、质检及民族事务
外交国防	222.15		208.10		213.75		全部上移至中央

---

① 2019年，部分领域中央与地方事权与支出责任的开始进行调整，如食品和药品监督支出责任2018年及以前年度主要由地方财政承担，2019年开始进行了调整。为保证数据的一致性，本部分采用2016—2018年的数据。表格中所列举的绝大部分调整项目改革还未推进，因此，研究结论仍具有重要意义。

类型	2016		2017		2018		备注
	地方上移中央	中央下移地方	地方上移中央	中央下移地方	地方上移中央	中央下移地方	
公共安全	3745.77		3952.25		4309.14		除了公安、监狱外，其余事务上移至中央
教育	14499.32	45.72	14549.74	44.26	14012.25	57.37	义务教育基本支出上移中央，高中教育、职业教育、特殊教育、进修培训下移至地方
科学技术	64.16		75.83		100.81		上移基础研究、重大科技合作项目、国际交流与合作
文化体育与传媒							
社会保障和就业	4867.49	1.26	7425.24	1.15	8189.00	1.47	上移基本养老保险补助、基本医疗保险补助、行政区划和地名管理、重大灾害救助，下移死亡抚恤、退役安置、殡葬、临时救助
医疗卫生	1765.91	0.73	4077.41	1.18	6947.33	8.35	上移食品和药品监督管理、传染病及免疫、基本公共卫生及重大公共卫生，下移基层医疗卫生
节能环保	431.41	2.29	582.05	2.47	698.36	2.85	上移环境保护法规及标准、大气污染防治、能源管理，下移水体、噪声及固体废弃物污染防治、农村环境保护
城乡社区事务		19.76		23.45		86.38	全部下移至地方

续表2-3

类型	2016		2017		2018		备注
	地方上移中央	中央下移地方	地方上移中央	中央下移地方	地方上移中央	中央下移地方	
农林水事务	2013.29	65.09	2764.81	67.62	2641.33	91.12	上移南水北调、跨区域水域管理、国际河流治理与管理、林业对外合作与交流,下移农村基础设施建设、农村综合改革、农村人畜饮水
交通运输	1255.80	199.10	1370.91	193.25	1436.81	203.42	上移特大型桥梁建设、铁路运输、民用航空运输、成品油价格改革对交通运输的补贴、邮政业支出,下移农村公路建设支出及客运补贴
资源勘探信息等事务	609.69		700.66		1194.74		上移资源勘探开发、安全生产监管、行业战略研究与标准制定、行业监管
商业服务业等事务							
金融事务	395.01		287.00		338.31		上移金融监管支出、金融发展支出、金融调控支出和其他金融支出
援助其他地区	303.17		398.99		442.16		全部上移中央
国土海洋气象	1473.93		2005.80		1919.91		全部上移中央
住房保障							
粮油物资储备	738.03		653.30		685.11		全部上移中央
合计	34295.79	333.95	41122.93	333.38	45382.54	450.96	

续表2-3

类型	2016		2017		2018		备注
	地方上移中央	中央下移地方	地方上移中央	中央下移地方	地方上移中央	中央下移地方	
改由市场或社会组织承担	773.34	72.67	762.23	90.59	982.80	94.43	
调整后中央支出	61293.02		70556.11		77544.96		
调整后地方支出	125616.18		131676.56		142281.94		

数据来源：中华人民共和国财政部网站 http://www.mof.gov.cn/gkml/caizhengshuju/ 2016—2018年地方一般公共预算支出决算表、2016—2018年中央本级支出决算表。

由表2-3可知，将事权与支出责任按照受益原则、兼顾政府职能与行政效率原则、充分发挥中央和地方两个积极性原则在中央和地方之间进行重新划分后，中央的支出责任相对上升，地方的支出责任相对下降，具体变化情况见表2-4。

表2-4　事权与支出责任调整前后中央和地方支出比重的变化①

类型	2016	2017	2018
原中央本级支出占比	14.60%	14.70%	14.81%
原地方支出占比	85.40%	85.29%	85.19%
调整后中央本级支出占比	32.79%	34.89%	35.10%
调整后地方支出占比	67.21%	65.11%	64.90%

注：数据根据中华人民共和国财政部网站 http://www.mof.gov.cn/gkml/caizhengshuju/ 2016—2018年地方一般公共预算支出决算表、2016—2018年中央本级支出决算表的数据，以及表2-3测算的数据计算而得。

① 与2016年相比，2017年和2018年调整后中央财政支出占全部财政支出的比重上升较快，地方财政支出占全部财政支出的比重下降较快，原因是2017年和2018年财政对基本养老保险和基本医疗保险的补助支出激增。事权与支出责任调整前，地方财政承担了该部分支出的97%左右。按照事权与支出责任调整的原则，基本养老保险和基本医疗保险的支出责任上移至中央。

通过表 2-4 的初步测算可以看出，在事权与支出责任调整前，中央与地方支出责任的对比关系约为 15∶85；事权与支出责任调整后，中央与地方支出责任的对比关系约为 34∶66。调整后的中央支出的占比上升了约 19%。上升后的中央支出占比与大部分 OECD 国家接近，日本该比例约为 40%，加拿大约为 30%。上述计算主要依据政府收支分类的项级科目进行，但是诸如教育支出、社会保障支出等，直接按照项级科目计算是不够精确的。比如按照事权划分原则，义务教育中央政府主要承担均等化支出部分，社会保障支出中央政府主要承担基本医疗保险、基本养老保险等部分，而均等化及基本标准是随经济发展水平变化而变化的。

地方政府中，省级和县级之间的支出比例，由于各省的经济发展水平、人口数量、环境质量等的差异，无法进行统一测算。我们以表 2-2 为基础，依调整前省本级支出决算数为基础，减去应上移至中央的支出和下移至市县级的支出，得到调整后省本级支出；再用全省一般公共预算支出减去应上移至中央的支出，并扣减调整后的省本级支出即为调整后的市县级支出。以云南省、湖南省为例，依 2018 年各省一般公共预算支出决算表和省级一般公共预算支出决算表数据测算，结果为：云南省省本级调整前支出占全省支出的 19.13%，调整后下降到 13.75%；相应的市县级支出调整前占 80.87%，调整后上升到 86.25%。湖南省省本级调整前支出占全省支出的 9.29%，调整后下降到 8.99%；相应的市县级支出调整前占 90.70%，调整后上升到 91.01%。[①] 白景明、朱长才（2015）以 2013 年安徽省数据测算的结果为：省本级支出调整前占比 13.7%，调整后下降到 10.4%；相应的市县级支出调整前占 86.3%，调整后占 89.6%。[②] 可见，各省省本级支出与市县级支出的对比关系各不相同，但总体趋势是，调整后的省本级支出∶调整后的市县级支出≈10∶90，调整后省本级支出下降一到六个百分点。但是通过对北京市和重庆市的测算，发现直辖市市本级支出较省的省本级支出要高，因为直辖市市本级相对于省本级承担了更多的直接提供公共产品和服务的职能。总体来说，调整后政府间事权与支出责任的对比关系为中央∶省级∶市县级≈34.0∶6.6∶59.4，呈现出

---

① 数据来源：根据云南省财政厅 http://www.ynf.gov.cn/zdlyxxgk/ysxx/网站数据和湖南省统计局 http://www.hntj.gov.cn/xxgk/czxx/201808/t20180828_4441214.html 网站数据计算而得。

② 白景明、朱长才：《建立事权与支出责任相适应财税制度操作层面研究》，《经济研究参考》，2015 年第 43 期，第 17 页。

"葫芦型"结构①，具体情况可以图 2-1 表示。

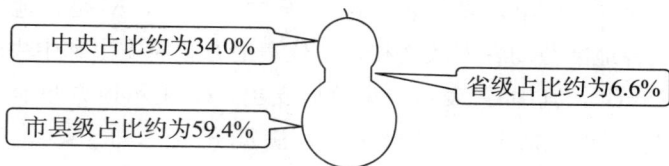

中央占比约为34.0%

省级占比约为6.6%

市县级占比约为59.4%

图 2-1　政府间事权与支出责任的"葫芦型"结构

（四）地方政府最优支出规模的理论验证

1. 模型设定

根据马斯格雷夫和罗斯托的经济发展阶段理论，在经济发展早期阶段，政府投资集中于基础设施和社会公共服务事业；在经济发展中期阶段，政府投资侧重于弥补市场失灵，作为私人投资的补充；在经济发展成熟阶段，公共支出会转向教育、社会福利等方面。因此，理论上，地方政府投资规模有个最优范围，即在经济发展较为落后的地区，政府支出如果集中于基础设施建设，可为经济发展创造良好的条件，从而推动经济的发展，但如果超过特定的范围，高支出最终导致的高税率可能对经济发展有负面作用。在经济发达地区，其结果可能有差异。Barro（1991）利用 98 个国家 1960—1985 年的数据研究发现，政府平均支出与经济真实增长率呈负相关关系。但 Grier、Tullock（1989）利用 24 个 OECD 国家 1951—1980 年以及另外 89 个国家 1961—1980 年的数据进行回归，发现亚洲国家政府支出占 GDP 的比例与真实 GDP 的增长呈正相关关系，而 OECD 国家、非洲和拉丁美洲的呈负相关关系。这说明，不同条件下，政府支出的边际生产力不同。对此问题，Barro（1990）提出 Barro 法则，即政府支出的最优规模为：$MPG=1$。如果政府提供每一单位公共产品和服务都要使用 1 单位的资源，则公共产品和服务的边际成本为 1，而其边际收益为 $MPG=\partial Y/\partial G$，那么按照边际收益等于边际成本的原则，决定政府支出规模的效率条件为 $\partial Y/\partial G=1$。本部分在确定我国地方政府支出的最优规模时，采用这一效率条件，即原假设：$MPG=1$，地方政府支出规模最优；备择假设（1）：$MPG<1$，地方政府支出规模过大；（2）$MPG>1$，地方政府支出规模过小。

假定产出的生产函数为：

---

① 该对比关系是按照政府间事权与支出责任划分原则调整后可行的对比关系。地方政府的事权与支出责任占比在 66% 的正负 5% 之内均可视为是合理的。

$$Y=F(K，L，G) \tag{2-1}$$

其中，Y 为实际产出，以各地区的 GDP 之和表示，K 是各地区资本存量之和，L 代表各地区劳动者人数之和，G 代表地方政府支出和中央政府支出之和，即 $G=G_c+G_l$，其中 G_c 表示中央政府支出，G_l 表示地方政府支出。假设生产函数 F 为一次齐次且二阶连续可导，满足 $F_i>0$，$F_{ii}<0$，i 为 K，L，G。由于政府支出可为私人部门生产提供财产保护、良好的社会秩序以及必要的交通设施等，因此，假定政府支出是生产性的，即 $F_G>0$。将式（2-1）写成人均形式即为：

$$y=f(k，g) \tag{2-2}$$

这里 $y=Y/L$，表示实际人均产出，$k=K/L$，表示实际人均资本存量，$g=G/L$，表示实际人均政府支出，$f_i>0$，$f_{ii}<0$，$i=k$，g。将政府支出引入个人的效用函数，则个人最大效用为：

$$\text{Max } U=\int_0^\infty u(c,g)\,e^{-\rho t}\,dt \tag{2-3}$$

约束条件为：

$$\dot{k}=f(k，g)-c-g-(n+\delta)k \tag{2-4}$$

其中，$u(c，g)$ 为个人效用函数，由消费私人产品和消费公共产品决定 $u_i>0$，$u_{ii}<0$，$i=c$，g。ρ 为时间偏好率，n 为人口增长率，δ 为资本的折旧率。为求解（2-3），建立汉密尔顿方程：

$$H=e^{-\rho t}\{u(c,g)+\lambda[f(k,g)-c-g-(n+\delta)k]\} \tag{2-5}$$

由欧拉方程 $\partial H/\partial k=-\dot{\lambda}$，得：

$$u_c(c，g)=\lambda \tag{2-6}$$

$$u_g(c，g)+\lambda f_g(k，g)=\lambda \tag{2-7}$$

$$\dot{\lambda}=\lambda\rho-\lambda[f_k(k,g)-(n+\delta)] \tag{2-8}$$

由（2-8）得：$\dot{\lambda}/\lambda=\rho-[f_k(k，g)-(n+\delta)]$，稳态下，$\dot{\lambda}/\lambda=0$，得 $f_k(k，g)-(n+\delta)=\rho$，即

$$f_k(k，g)=n+\delta+\rho \tag{2-9}$$

式（2-9）表示资本的边际产出等于人口增长率、资本折旧率以及时间偏好率之和。联立式（2-6）及（2-7）得：

$$f_g(k，g)=1-u_g(c，g)/u_c(c，g) \tag{2-10}$$

按照巴罗法则，$MPG^*=f_g^*(k，g)=1-u_g(c，g)/u_c(c，g)$，则

$u_g(c，g)=0$，即政府支出对个人效用没有直接影响。

现在对式（2-2）求关于时间的导数，再两边同除以 y，得到：

$$\dot{y}/y = \alpha(\dot{k}/k)+MPG[(\dot{g}/g)(g/y)] \tag{2-11}$$

则对方程（2-11）的估计可检验政府支出是否具有生产性。若 $MPG=0$，则政府支出是非生产性的；若 $MPG>0$，则政府支出是生产性的。令 γ 为政府产出弹性，则 $\gamma=(\partial f/\partial g)(g/y)$，设政府支出规模为 $\tau=g/y$，则 $MPG=\gamma/\tau$，根据巴罗法则，最优的政府支出规模条件为：$\tau^*=\gamma$。把 $MPG=\gamma/\tau$ 代入（2-11）式得：

$$\dot{y}/y=\alpha(\dot{k}/k)+\gamma(\dot{g}/g) \tag{2-12}$$

则通过估计出（2-12）的 γ，就估计出了我国最优政府支出规模。为更清晰的区分最优地方政府支出规模，将式（2-12）部分的人均政府支出分解为人均中央政府支出和人均地方政府支出。分别设为 g_c 和 g_l，则得到：

$$\dot{y}/y=\alpha(\dot{k}/k)+\gamma_1(\dot{g}_c/g_c)+\gamma_2(\dot{g}_l/g_l) \tag{2-13}$$

将方程（2-13）右边加上常数项和随机误差项，就是我们的目标估计模型。

2. 数据说明及平稳性检验

产出以各地区的 GDP 表示，劳动力以各地区年末就业人数表示，政府支出分别为中央和地方各地区的预算内财政支出，资本存量数据以固定资本形成总额近似替代。所有的人均数为相应原始值除以年末劳动力人数得到的数值。数据来自 2003—2020 年的《中国统计年鉴》。本部分采用 ADF 方法进行平稳性检验，最优滞后期根据 AIC 准则确定，临界值采用麦金临界值。经检验，四个变量都是一阶单整的非平稳序列，即 $I(1)$ 序列。这说明它们之间可能存在协整关系，为验证这些变量之间的协整关系，本部分采用 Johansen 极大似然估计法，对四个变量之间的协整关系进行了检验，其结果如表 2-5 所示。

表 2-5　Johansen 协整检验结果

Hypothesized No. of CE（s）	Trace Statistic	0.05 Critical Value	Prob**	Max-Eigen Statistic	0.05 Critical Value	Prob**
None*	67.02424	54.07904	0.0023	33.10342	28.58808	0.0123
At most 1	33.92082	35.19275	0.0681	19.46932	22.29962	0.1186
At most 2	14.45150	20.26184	0.2595	13.07651	15.89210	0.1318

注：None* 表示拒绝不存在协整，** 表示 5% 的显著性水平。

3. 实证结论

由表 2-5 可知，上述 4 个变量在 5% 水平下至少存在一个协整方程，即 4 个变量之间存在共同的随机趋势，其协整方程为（括号里为标准误差）：

$$\dot{y}/y = -0.0235 + 0.4203(\dot{k}/k) + 0.0782(\dot{g_c}/g_c) + 0.1787(\dot{g_l}/g_l)$$
$$\quad (0.0281) \quad (0.2150) \quad\quad (0.1129) \quad\quad (0.1675)$$

根据前述假设，即 $MPG = \gamma/\tau = 1$，$\tau^* = \gamma = \gamma_1 + \gamma_2 = 0.0782 + 0.1787 = 0.2569$。则最有利于经济增长的政府支出规模为：全部政府支出占 GDP 的 25.69%，其中中央政府支出占 GDP 的 7.82%，地方政府支出占 GDP 的 17.87%，按比例计算即中央支出占全部支出的 30.44%，地方支出占全部支出的 69.56%。这与马拴友（2000）计算出的最优政府支出规模占 GDP 的 26.7% 比较接近，与 Karras（1993）计算出的具有代表性国家的最优政府支出规模大约占 GDP 的 20%、亚洲国家为 25% 的结论也是比较接近的。中央与地方支出的对比关系与前面计算的事权与支出责任调整后的央地对比关系也比较接近。

分中央和地方来看，地方政府的最优支出规模大于中央政府，其原因可能是地方政府在调整产业结构、以政府投资来刺激经济方面的支出更多，因而其产出弹性更高。我国目前实际政府支出占 GDP 的比重约为 24.11%，中央支出占比约为 3.54%，地方支出占比约为 20.56%。[①] 因此，从有利于经济增长角度来看，我国中央支出占比偏低，而地方支出占比偏高，应将更多的事权与支出责任由地方上移至中央。

第三节 本章小结

现阶段，政府的财政职能要符合国家治理的目标。政府应进一步退出竞争性领域，而在国家治理方面发挥更大的作用，履行其资源配置、收入分配、稳定经济和维护公共秩序的职能，以满足社会共同需要。

中央和地方之间事权和支出责任的划分是未来改革的重点，也是优化地方税体系的前提。中央和地方之间事权和支出责任的划分应遵循受益原则、兼顾政府职能和行政效率原则、充分发挥中央和地方两个积极性的原则。以此原则为基础对我国中央和地方之间事权与支出责任进行重新划分后，各层级政府间

---

① 数据来源：根据《中国财政年鉴（2020）》的数据计算而得。

事权与支出责任的对比关系为中央∶省级∶市县级≈34.0∶6.6∶59.4，最终构成"葫芦型"政府事权结构。中央和地方之间事权和支出责任的划分应以法定的形式稳定下来，并尽可能减少共同事权。如果依据事权性质应由中央和地方共同承担的事权，则应明确支出责任，并相应配以转移支付，使支出责任与事权相匹配。根据巴罗的最优政府规模理论，我国最能激励地方经济增长的政府支出结构为：中央政府支出占 GDP 的 7.82%，地方政府支出占 GDP 的 17.87%，即中央与地方支出责任的对比关系为 30.44∶69.56，与调整后中央与地方事权和支出责任的对比关系基本一致。但是，我们对政府职能的界定、中央与地方之间事权和支出责任的划分应从促进经济发展、促进社会公平、维持国家秩序等多维的视角去实践，最能激励经济增长的政府支出规模和结构只能作为可参照指标之一。

第三章　地方税的功能定位与合理税负

第一节　地方税的功能定位

中国现行地方专享税种中，车船税、环境保护税、烟叶税、耕地占用税、资源税、城市维护建设税是以正式法律的形式加以规范的，其余的部分税种则以暂行条例的形式加以规范，但这几年各税种均在加快立法的步伐。部分税种的法律或暂行条例对该税的功能给予了相应的界定。如《城镇土地使用税暂行条例》指出："为了合理利用城镇土地，调节土地级差收入，提高土地使用效益，加强土地管理，制定本条例。"《耕地占用税法》指出："为了合理利用土地资源，加强土地管理，保护耕地，制定本法。"《土地增值税暂行条例》指出："为了规范土地、房地产市场交易秩序，合理调节土地增值收益，维护国家权益，制定本条例。"可见，现行部分税收法律法规，主要将税收的功能定位于筹集特定领域的财政资金或者调节使用者使用特定资源的行为。

学术界对地方税的功能定位也有不少探讨。朱为群、唐善永、缑长艳（2015）认为，地方税的功能定位，应该是筹集财政资金而不是调控经济；地方税的首要责任是满足地方普遍受益的支出，且作为地方可支配的罚没收入、公共投资收益和公共资源收入的补充来弥补地方普遍受益支出的不足。[1] 杨志安、郭矜（2014）建议将资源税和房产税作为地方主体税种，以保护自然环境，推动区域经济协调发展，促进收入公平分配，为地方财源提供稳定的支撑。[2] 郭庆旺、吕冰洋（2013）认为地方税应能基本满足地方政府经常性支出

---

[1]　朱为群、唐善永、缑长艳：《地方税的定位逻辑及改革设想》，《税务研究》，2015 年第 2 期，第 53 页。

[2]　杨志安、郭矜：《完善地方税体系，培育地方性主体税种》，《税务研究》，2014 年第 4 期，第 10 页。

的财力需要，有利于经济发展方式的转变，避免辖区间的税收竞争。[①] 可见，学术界对地方税收收入的功能要求是综合性的，既要求地方税能筹集财政收入，也要求地方税平衡区域经济发展、保护环境，甚至能调节收入公平分配。

党的十九大对中央与地方之间财政关系的表述为：权责清晰、财力协调、区域均衡。该表述对地方税的功能要求也是复合的，包括保证财力协调和区域均衡。财力协调包括中央和地方财力的协调、地方收入和支出之间协调。地方税收收入是地方财力的主要来源，地方税需筹集足够的财政资金，以支持地方经济和社会的发展。区域均衡是基于我国区域不均衡的现实而提出的要求。优化地方税体系需充分考虑区域差异，通过地方税体系和转移支付制度来逐步实现区域均衡。现代市场经济条件下，财政的职能分为资源配置、收入分配、稳定经济和维护公共秩序。其中稳定经济的职能需要相应财政政策和货币政策配合使用来实现，地方不具有履行稳定经济职能的相应手段。因此，可对地方税的功能概括如下：

第一，地方税为地方政府组织财政收入和调节经济提供财力。

首先，地方税需要为地方经济和社会发展筹集财政资金。筹集财政收入是税收最基本的功能。按照受益原则，地方公共产品和公共服务的支出资金应由本地区居民承担，而承担的最基本和最规范的形式就是税收。那么，是否地方的所有公共支出都应由地方税来弥补呢？我们依不同支出的受益群体来具体分析。财政支出按照政府职能分类可分为投资性支出、国防支出、国家管理支出、科教文卫等事业支出和各项补贴支出。投资性支出意味着支出可以在一定时期收回，且可能增值，因此，投资性支出一般以举债的形式来筹集收入，而不应由经常性的税收来承担。国防支出、受益范围为全国的国家管理支出和科教文卫支出一般由中央政府来承担。所以，地方税主要为区域性的国家管理支出和区域性的科教文卫等事业支出筹集财政收入。区域性的国家管理支出和科教文卫支出，其受益对象可能是当代人，也可能是隔代人；可能是当地民众普遍受益的一般公共支出，也可能是非普遍受益的特殊公共支出。受益对象为隔代人的公共支出可以通过举借长期债务的形式来筹集收入，让隔代人也承担部分支出责任。非普遍受益的特殊公共支出，应以相应类型的行政事业性收费来筹集资金。综上，地方税仅为受益对象为当代当地居民普遍受益的国家管理支出和科教文卫支出筹集财政收入。具体情况见图 3—1。

---

① 郭庆旺、吕冰洋：《地方税系建设论纲：兼论零售税的开征》，《税务研究》，2013 年第 11 期，第 11 页。

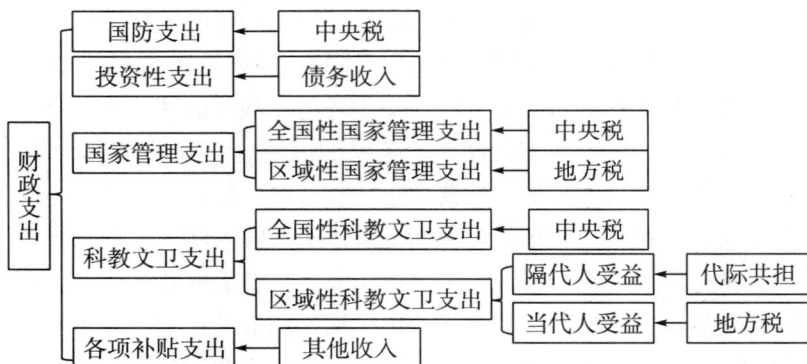

图 3-1　财政支出责任

其次，地方税具有调节经济的功能。调节经济是传统的地方税功能之一。前述的税收暂行条例对特定税收功能的描述基本上体现了税收调节经济的功能。现代市场经济条件下，市场应在资源配置中起决定性作用，但税收也应充分发挥其调节作用。具体而言，中国地方税体系的优化应服从全国范围资源配置的目标，促进产业结构升级，促进供给侧结构性改革。如对创新创业实行税收优惠，促进第三产业以及其他新兴行业的发展。

第二，地方税是地方维持社会秩序、增进社会福利、保护环境、调节收入分配、实现地方治理的重要手段。

地方税维持社会秩序的功能主要体现为地方税对教育、社会保障、医疗卫生、慈善事业、文化事业等领域的支持。比如地方税对家庭义务教育支出、重大医疗事项支出、基本养老支出等在征税时进行税前扣除；对慈善机构、文化事业单位等免税或设定低税率。地方税增进社会福利的功能主要体现为地方税对优抚养老等方面的支持。地方税保护环境的功能主要体现为对环境污染行为征重税，并设定促进资源节约的税制结构。比如我国自2018年起征收环境保护税；水资源税自2016年3月在河北试点，并于2017年12月起在北京、天津等9省（区、市）扩大试点范围。地方税调节收入分配的功能是通过对地方税税种结构和税制要素进行设计，使得收入多、财产价值高的人多缴税，收入少、财产价值低的人少缴税的方式来实现，是收入二次分配的重要手段。比如通过对个人居住的价值较高的房地产进行征税，对满足基本居住需求的房地产免税或少缴税，来调节居民的可支配收入。地方税也可以通过对满足居民基本生活需求的产品和服务免税或设定低税率的方式，来调节收入的公平分配。

地方税作为地方治理的重要手段主要体现在：地方税是政府与居民互动的介质之一。政府治理能力高低最核心的判断标准是社会共同需求的满足程度。

社会共同需求的满足程度受两个因素的约束：一是政府对社会共同需求的获知
程度，二是在获知社会共同需求后政府的应对。这两者都涉及政府与居民的互
动。地方税作为地方治理手段具体体现在：地方税为政府满足社会共同需求提
供经济资源；通过协商机制确定的地方税体系能充分体现居民的共同需求；作
为居民对征税的回应，地方税促使居民关心公共服务的质量和共同需要的满足
程度。简而言之，地方政府对税收的依赖为地方政府和居民通过协商来实现地
方治理提供了激励。其具体途径可见表3-1。

表3-1　地方税实现地方治理的途径

类型	短期	中期	长期
地方政府	地方政府获得区域发展所需要的财政收入	（1）地方政府为获得更多的税收收入，培植税源，推动居民收入的提高和财产价值的增加。 （2）地方政府推动政务信息化，提高税收征管效率。 （3）地方政府充分获取当地居民的涉税信息，了解居民的诉求	政府行政能力更强、获取的当地居民的信息更充分
地方居民	居民关心税收去向，监督地方政府	（1）当地居民对公共产品和服务质量提出更高的要求。 （2）当地居民对政府行政透明度提出更高的要求	居民参与意识增强
综合	地方政府与当地居民通过持续的互动，来确定公共产品和服务的质量、税负的水平	（1）纳税人纳税遵从度提高。 （2）地方政府行政透明度提高。 （3）地方政府与当地居民是相互协商和互相激励的关系。 （4）地方税收收入和财政支出的规范性增强，效率提升。 （5）地方政府治理水平得到提升。 （6）居民共同需要得到满足	地方政府是透明政府和责任政府，居民是地方治理的参与者

第二节　地方税的合理税负

一、税负的拉弗曲线及其应用

拉弗曲线由美国"供给学派"的Laffer提出，描述了政府的税收收入与
税率之间的非线性关系。当税率在特定限度之内时，提高税率能增加政府的税
收收入，一旦税率超过某一特定限度，继续提高税率不仅不能增加政府收入，
反而会因为高税率抑制经济增长，使税基变小，税收收入下降。因此，理论

上，在特定经济环境下，存在一个最优税率。拉弗曲线用图形表现为一条倒"U"型曲线，最优税率在倒 U 曲线的顶点处。

根据拉弗曲线，可以推出税收收入是关于税率的凹函数。税收收入依托于经济的增长，过高税率导致税收收入减少的传导途径是通过抑制微观经济主体生产的积极性，抑制经济增长，侵蚀税基而实现。因此，最优税率问题可以转化为最能促进经济增长的税率问题。二者理论上的关系为：税收收入转化为财政投入，而财政投资于教育、基础设施、医疗卫生等，有助于提升劳动力素质和提高资本的投资回报率，最终促进经济的增长。过低的税率导致财政投资不足，企业缺乏相对安全的生产环境，没有高质量的劳动力，不利于经济的发展；过高的税率直接导致企业税后利润的减少，影响企业的再投资，产生公共投资挤出私人投资的现象，也不利于经济的持续发展。因此，存在一个合理的地方税负，该税负最有利于经济持续增长。税收收入与整个宏观经济的关系也同样适用于地方税收收入和地方经济增长之间，只是对于地方来说，有部分公共投资来自中央的统一供给，如国防、全国性的环境保护、全国性的交通等。

二、合理的地方税税负

基于上述理论，我们可以构造如下基本的凹函数：$lg = \alpha_1 LTB + \alpha_2 LTB^2 + \varepsilon$。[①] 其中，$lg$ 为地方经济增长率，LTB 为地方税的税负，ε 为白噪声。另外，除了地方税影响地方经济增长外，还应考虑地区私人投资和劳动力投入。因此，最一般的扩展模型为：

$$lg_{it} = \alpha_0 + \alpha_1 LTB_{it} + \alpha_2 LTB_{it}^2 + \alpha_3 \ln(K_{it}) + \alpha_4 \ln(HC_{it}) + \mu_i + \lambda_t + \varepsilon_{it}$$

$$(3-1)$$

其中，$i = 1，2，3，\cdots，30$，表示某省；$t = 2001，2002，\cdots，2017，2019$；$K$ 表示私人部门投资；HC 为人力资本投入，以当年年末的就业人数表示。μ_i 为个体效应，λ_t 为时间效应，ε_{it} 表示与时间和地区均无关的随机误差项。

根据凹函数的含义，应有：$lg'' = 2\alpha_2 < 0$，即 $\alpha_2 < 0$。使得经济增长率最大化的地方税负 LTB^* 由 $lg' = \alpha_1 + 2\alpha_2 LTB = 0$ 决定，即 $LTB^* = -\alpha_1/2\alpha_2$。

---

① 地方税的合理规模除了考虑税负对经济增长是促进还是抑制，还应结合政府增进居民福利的程度来考虑。如果政府承担了居民绝大部分的医疗、教育、养老等支出，政府在改善居民居住环境等方面的支出较高，则较高的税负也是合理的。但是，出于指标的可量化性、数据的可得性等，本部分主要选取是否促进经济增长作为衡量税负高低的标准。

（一）变量说明

模型各变量的具体含义如表 3-2 所示。

表 3-2　各变量的含义

变量	变量名称	变量的含义及单位
lg	地方经济增长率	某地第 t 年的 GDP 减去第 $t-1$ 年的 GDP，再以减后的余值除以第 $t-1$ 年的 GDP，以百分比表示
LTB	地方税的税负	地方税收收入总额除以该地区的 GDP，以百分比表示①
K	投资	以各地区固定资产投资额表示，单位为亿元
HC	人力资本投入	以年末就业人数表示，单位为万人

由于各地区经济发展程度不同，税收负担能力也不同，本部分首先以全国的数据为样本进行回归，然后再以东部地区、中部地区、西部地区和东北地区分别进行回归，这样能更清晰地看出不同经济发展水平下，税收负担能力的差异。

（二）数据来源及单位根检验

本部分选取 2001—2019 年除西藏和港澳台外的全国 30 个省（区、市）的面板数据。数据主要来源于 2002—2020 年的《中国统计年鉴》《中国税务年鉴》，以及中华人民共和国统计局网站提供的数据。各变量特征描述如表 3-3 所示。

表 3-3　变量描述性统计

变量 Variable	观测数 Obs	均值 Mean	标准差 Std. Dev.	最小值 Min	最大值 Max
lg	570	0.1493	0.0693	−0.0935	0.2430
LTB	570	0.0789	0.0291	0.0412	0.2197
LTB^2	570	0.0071	0.0063	0.0017	0.0483
K	570	8216.75	8978.92	191.08	53322.94
HC	570	3003.49	2357.40	43.20	10961.00

为避免伪回归，首先对数据进行平稳性检验。本部分数据属于平衡面板数

---

① 这里的地方税收收入包括地方专享的税收收入和共享税地方分享的部分，这两项的合计数才能衡量地方的真实税负

据，且 $N>T$，拟分别采用 LLC 检验、IPS 检验，以及 Fisher－PP 检验。上述检验的原假设为：面板中存在单位根。三种检验均为左边单侧检验。具体检验结果如表 3－4 所示。

表 3－4　面板单位根检验结果

变量	LLC t^* 值	IPS $t-$bar 值	Fisher－PP z 值	结论
lg	-9.4635^{***} (0.0000)	-2.7222^{***} (0.0000)	-7.8106^{***} (0.0000)	平稳
LTB	-2.2043^{**} (0.0138)	-2.0734^{***} (0.0048)	-3.4490^{***} (0.0003)	平稳
LTB^2	-4.5717^{***} (0.0000)	-2.1870^{***} (0.0020)	-3.9242^{***} (0.0000)	平稳
$\ln(K)$	-6.3494^{***} (0.0000)	-1.7083^{*} (0.0673)	-3.2886^{***} (0.0004)	平稳
$\ln(HC)$	-9.9802^{***} (0.0000)	-2.8000^{***} (0.0000)	-8.3793^{***} (0.0000)	平稳

注：括号里为 P 值，* 表示 10% 的显著性水平，** 表示 5% 的显著性水平，*** 表示 1% 的显著性水平；单位根检验过程中的最优滞后期数按照 Schwarz 评价标准（SCI）确定。

由表 3－4 检验结果可知，五个变量的水平值均平稳，可以直接进行回归。

（三）实证结果及含义

面板数据通常可以通过混合回归、固定效应模型和随机效应模型实现。对混合回归的原假设：H_0：all $u_i=0$ 进行检验，结果 F 值为 3.58，对应的 P 值为 0.0000，强烈拒绝原假设，即 FE 明显优于混合回归。再对数据进行 Hausman 检验，检验结果的 P 值为 0.0000，即应采用固定效应模型而非随机效应模型。具体回归结果如表 3－5 所示。

表 3－5　模型估计结果

变量	混合回归（POOLOLS）	固定效应模型（FE）	随机效应模型（RE）
LTB	1.3153^{***} (0.008)	1.6367^{**} (0.024)	1.5697^{***} (0.007)
LTB^2	-3.5599 (0.106)	-7.7129^{***} (0.002)	-4.3053^{*} (0.052)
$\ln(K)$	0.0011 (0.772)	0.0689^{***} (0.002)	0.0004 (0.916)

变量	混合回归（POOLOLS）	固定效应模型（FE）	随机效应模型（RE）
$\ln(HC)$	0.0198*** (0.000)	0.0275* (0.051)	0.0221*** (0.000)
C	0.3830*** (0.000)	0.0966 (0.613)	0.4096*** (0.000)
$R-$squared	0.7314	0.8870	0.6296
时间效应		显著	
个体效应		显著	
F 检验		3.58 [0.0000]	
Hausman－P 值			54.96 [0.0000]

注：系数后面括号中的数值为稳健标准误，*** 表示在 1% 水平上显著，** 表示在 5% 水平上显著，* 表示在 10% 的水平上显著；F 和 Hausman 检验值下方括号中数值为各自的显著程度。

由固定效应模型的结果可知，原模型中 $\alpha_1 > 0$，$\alpha_2 < 0$，与预期相符。具体模型结果为：$lg_{it} = 0.0966 + 1.6367LTB_{it} - 7.7129LTB_{it}^2 + 0.0689\ln(K_{it}) + 0.0275\ln(HC_{it}) + \mu_i + \lambda_t + \varepsilon_{it}$。则使经济增长率最大化的地方宏观税负为 $LTB^* = (-\alpha_1/2\alpha_2) \times 100\% = [-1.6376/2 \times (-7.7129)] \times 100\% = 10.62\%$。[①]

我们再用上述过程分别对东部地区、中部地区、西部地区和东北地区的数据进行回归，得到如下方程：

东部地区：$lg_{it} = 0.1751 + 1.0123LTB_{it} - 4.7353LTB_{it}^2 + 0.0637\ln(K_{it}) + 0.0199\ln(HC_{it}) + \mu_i + \lambda_t + \varepsilon_{it}$

中部地区：$lg_{it} = 0.5359 + 5.4619LTB_{it} - 18.2429LTB_{it}^2 + 0.0132\ln(K_{it}) + 0.0293\ln(HC_{it}) + \mu_i + \lambda_t + \varepsilon_{it}$

西部地区：$lg_{it} = 0.6152 + 2.9241LTB_{it} - 18.3546LTB_{it}^2 + 0.0238\ln(K_{it}) + 0.0266\ln(HC_{it}) + \mu_i + \lambda_t + \varepsilon_{it}$

东北地区：$lg_{it} = -0.8256 + 14.8184LTB_{it} - 103.1562LTB_{it}^2 + 0.0238\ln(K_{it})$

---

① 2019 年我国 GDP 总额为 990865.10 亿元，则该年合理的地方税规模为 105229.87 亿元。该金额占当年地方一般公共预算支出的 51.65%。

$+0.0266 \ln(HC_{it}) + \mu_i + \lambda_t + \varepsilon_{it}$

其中，东部、中部和西部地区均采用固定效应模型，而东北地区数据Hausman 检验的 P 值为 0.6726，采用了随机效应模型。各地区最优的宏观税负分别为：

东部地区：$LTB^* = (-\alpha_1/2\alpha_2) \times 100\% = [-1.0123/2 \times (-4.7353)] \times 100\% = 10.69\%$

中部地区：$LTB^* = (-\alpha_1/2\alpha_2) \times 100\% = [-5.4619/2 \times (-18.2429)] \times 100\% = 14.97\%$

西部地区：$LTB^* = (-\alpha_1/2\alpha_2) \times 100\% = [-2.9241/2 \times (-18.3546)] \times 100\% = 7.97\%$

东北地区：$LTB^* = (-\alpha_1/2\alpha_2) \times 100\% = [-14.8184/2 \times (-103.1562)] \times 100\% = 7.18\%$

由此可知，从全国来看，地方税税负的最优水平为 10.62%。但不同地区经济发展水平和产业结构有差异，因此各地区地方税税负的最优水平不一致。中部地区最优地方税税负水平最高（为 14.97%），其次为东部地区，西部地区和东北地区最优地方税税负水平比较低。我们结合近年来各地区经济发展的速度来分析这个问题就能找到原因。图 3-2 展示了 2002—2019 年间我国各地区经济发展速度情况。

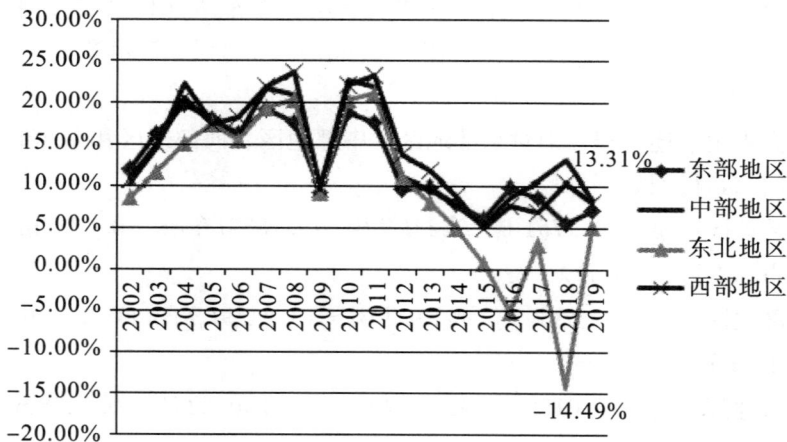

图 3-2　2002—2019 年各地区经济发展速度

注：数据根据中华人民共和国国家统计局网站 http://data. stats. gov. cn/的数据计算而得。

由图 3-2 可以看出，2007 年以前，我国东部地区和中部地区经济增长速度较快。2008—2011 年间，西部地区的经济增长速度已超过了东部和中部地区，东北地区在部分年份也超过了东部地区。2013—2019 年间，西部地区和东北地区经济增长速度呈现出大起大落的态势，东部地区和中部地区虽然也有下降，但是总体属于缓慢下降。因此，地区经济增速的稳定是该地区负税能力强的前提和保障。按照 2017—2019 年的数据，东部地区和中部地区的税收潜力还有较大的挖掘空间，但是现在很多企业的直观感受是税负过重，可能就源于税制结构的不合理。

第四章　中国地方税的规模、结构及与支出责任的匹配

第一节　地方税的规模

　　中国现行地方税体系是 1994 年分税制改革优化起来，并在以后的改革中不断进行微调而形成的（具体各阶段的地方税状况见表 4-1）。1994 年税制改革后，增值税和印花税为中央和地方共享的税种。其中增值税分享比例为：中央 75%，地方 25%，印花税中的证券交易税中央和地方各自分享 50%。经过这样的调节，地方税收收入占全部税收收入的比重从 1993 年的 79.23% 迅速下降到 1994 年的 44.76%。1994—2002 年间，地方专享税收入占全部地方税收收入的比重平均为 55.45%。

表 4-1　中国地方税体系

时期	地方专享税①	中央与地方共享税
1994—2001 年	营业税、地方企业所得税、个人所得税、城市维护建设税、城镇土地使用税、房产税、城市房地产税、耕地占用税、契税、土地增值税、屠宰税、农牧业税、农业特产税、车船使用税、固定资产投资方向调节税、筵席税	增值税、印花税、资源税

---

　　①　铁道部、各银行总行、各保险公司总公司集中缴纳的营业税和城市维护建设税归中央，其余部分归地方。中央的营业税收入和城市维护建设税收入占全部营业税收入和城市维护建设税收入的比例很小。学界的共识是将营业税和城市维护建设税视为地方专享税。

时期	地方专享税	中央与地方共享税
2002—2011 年	营业税、城镇土地使用税、耕地占用税、契税、城市维护建设税、土地增值税、车船税、烟叶税（2006 年起）、屠宰税（2006 年废止）、农牧业税和农业特产税（2006 年取消）、房产税、城市房地产税（2009 年起取消）	增值税、企业所得税、个人所得税、资源税、印花税
2012—2016 年	"营改增"在部分地区部分行业试点，其余税种税收收入划分同2002—2011 年	
2017 年至今	城镇土地使用税、耕地占用税、土地增值税、房产税、车船税、契税、烟叶税、城市维护建设税、环境保护税	增值税、企业所得税、个人所得税、资源税、印花税

2002 年，为促进全国统一市场的形成，企业所得税改变了原来按照企业隶属关系划分中央和地方收入的办法，改成按比例分享。2002 年企业所得税中央分享比例为 50%，地方为 50%；2003 年中央分享比例为 60%，地方为40%，2003 年以后延续了 2003 的分享比例。个人所得税分享比例与企业所得税一致。2006 年农牧业税和农业特产税取消。从表 4—2 可以看出，此次改革使得地方税收收入占比平均下降了两到三个百分点。为避免触及地方既得利益，中央因改革而增加的收入全部用于对地方的转移支付。2002—2011 年间，地方专享的税收入占地方税收收入的比重较 1994—2001 年的平均数下降了十几个百分点，为 41.85%。

表 4—2　1994 年分税制改革以来地方税收收入规模

年份	地方税收收入		地方专享税收入	
	规模（亿元）	占比（%）	规模（亿元）	占地方税收收入总额的比重（%）
1994	2294.91	44.76	1116.40	48.65
1995	2832.77	46.92	1597.96	56.41
1996	3448.99	49.91	1595.49	46.29
1997	4002.04	48.62	2217.48	55.41
1998	4438.45	47.92	3041.79	68.53
1999	5688.86	45.22	3190.81	56.09
2000	5205.86	43.91	3354.39	64.44
2001	6453.99	42.56	4293.52	66.53
2002	7406.16	41.99	2721.15	36.74

年份	地方税收收入		地方专享税收入	
	规模（亿元）	占比（%）	规模（亿元）	占地方税收收入总额的比重（%）
2003	8413.27	42.03	3342.68	39.73
2004	9999.59	41.38	4158.16	41.58
2005	12726.73	44.22	5159.72	40.54
2006	15228.21	43.75	6191.48	40.66
2007	19252.12	42.20	8121.78	42.19
2008	23255.11	42.89	9945.22	42.77
2009	26157.43	43.95	11898.32	45.49
2010	32701.49	44.67	14502.24	44.35
2011	41106.74	45.81	18286.19	44.48
2012	47319.08	47.03	26160.04	55.28
2013	53890.88	48.76	29808.15	55.31
2014	55139.91	47.87	32213.59	54.47
2015	62661.93	48.07	33878.26	54.07
2016	64691.69	49.63	26957.03	41.67
2017	68672.72	47.57	21531.90	31.35
2018	75954.79	48.56	23740.92	31.26
2019	76980.13	48.72	25079.26	32.58

注：数据根据 1995—2020 年《中国税务年鉴》及中华人民共和国财政部网站 http://www.mof.gov.cn/gkml/caizhengshuju/的数据整理而得。地方税收收入占比是指地方税收收入占全部税收收入的比重。

2012 年，我国开始在上海的交通运输业和部分现代服务业开展营业税改增值税试点；并于 2016 年 5 月 1 日起，在全国全面推广"营改增"。"营改增"前，营业税占地方税收收入的 35%～40%。为避免"营改增"对地方收入冲击过大，对增值税的分享比例做了调整，地方分享的增值税比例由改革前的25%上升到改革后的 50%。改革后，地方专享的税种只剩下税基小、税源分散的税种。在"营改增"推广的阶段，地方专享收入占地方税收收入的比重较所得税分享改革以来有较大上升，平均为 54.78%。

由上述内容及表 4—2 可见，我国分税制改革以来，地方税收收入占全部税收收入的比重基本上保持在 40%～50%之间，其中 2002—2011 年占比相对较低。地方专享税收入占地方税收收入的比重波动较大，在 30%～70%之间。

"营改增"试行阶段，地方专享税收收入占地方税收收入总额的比重处于较高的阶段，有改革负激励的可能性，即地方政府预计到"营改增"会导致地方主体税种的缺失，地方财政收入下降，从而在改革前夜征过头税。2016 年、2017 年、2018 年、2019 年地方专享税收收入占地方税收收入总额的比重分别为41.67％、31.35％、31.26％、32.58％。"营改增"后，地方税收收入的主要来源是共享税收入中归属于地方的部分，"营改增"对地方税收收入冲击不大，只是造成了地方主体税种的缺失。自此，我国进入共享税时代。

第二节　1994 年以来地方税收收入增长情况

一、地方税收收入增长速度

我国税收收入总规模由 1994 年的 5126.88 亿元上升到 2019 年的158000.46 亿元，上升了 30.82 倍，年均增长速度约为 14.70％；地方税收收入规模由 1994 年的 2294.91 亿元上升到 2019 年的 76980.13 亿元，上升了约33 倍，年均增长速度约为 15.09％。具体情况见图 4—1。

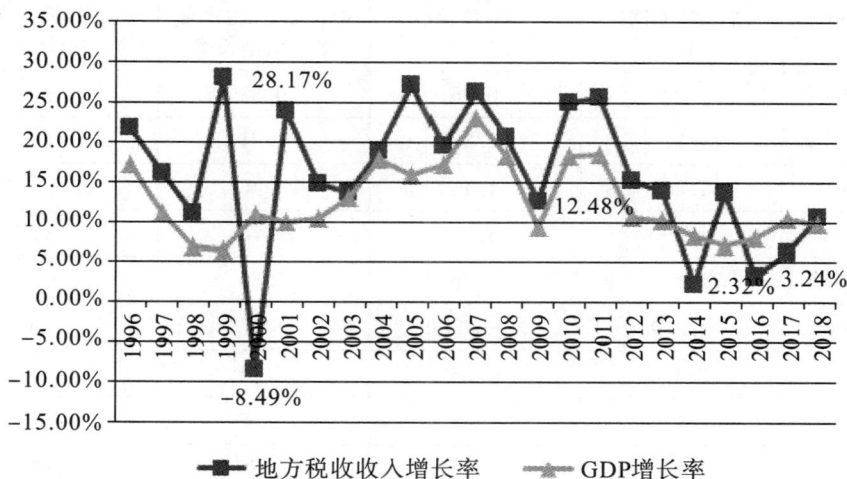

图 4—1　地方税收收入增长速度

数据来源：1997—2019 年《中国统计年鉴》。

由图 4—1 可以看出，我国地方税收收入增长速度在 2004 年前波动较大，最高增速为 28.17％，最低增速为－8.49％。2005—2011 年除了 2009 年增速为 12.48％，其余年份增长速度均在 20.00％以上。2012 年以后增长速度又下

降到 20.00% 以下，2014 年和 2016 年甚至分别只有 2.32% 和 3.24%。地方税收收入的总体增长趋势与 GDP 的增长趋势一致，但其波动程度高于 GDP 的波动程度。

二、地方税收收入增长弹性

地方税收收入弹性是指地方税收收入随某一经济变量变化而变化的力度或敏感度，用公式可以表示为：$E_t = (\Delta T/T)/(\Delta Y/Y)$。这里的 T 表示地方税收收入；Y 表示会带来地方税收收入波动的宏观经济要素，可能是国内生产总值，也可能是国民收入、产业增加值等。理论上，地方经济的增长会带来地方税收收入的增加，但不同经济条件下地方税收收入增长幅度不一样。如果税收增长速度快于经济增长速度，则说明税收富有弹性；税收增长速度等于经济增长速度，则说明税收为单位弹性；税收增长速度慢于经济增长速度则说明税收弹性较弱。下面，我们分别计算地方税收收入相对于国内生产总值、国民收入、第二产业增加值和第三产业增加值的弹性。具体情况见表 4-3。

表 4-3　地方税收收入弹性

年份	地方税收收入增长率/GDP增长率	地方税收收入增长率/国民收入增长率	地方税收收入增长率/第二产业增加值增长率	地方税收收入增长率/第三产业增加值增长率
1995	0.90	0.96	0.85	0.85
1996	1.27	1.26	1.21	−1.36
1997	1.46	1.41	1.46	1.02
1998	1.59	1.71	2.78	0.83
1999	4.47	4.26	5.33	2.63
2000	−0.79	−0.78	−0.76	−0.60
2001	2.40	2.33	2.74	1.65
2002	1.42	1.44	1.65	1.18
2003	1.05	1.02	0.86	1.10
2004	1.06	1.04	1.02	1.22
2005	1.73	1.79	1.47	1.69
2006	1.15	1.11	1.06	1.06
2007	1.14	1.12	1.24	1.01

年份	地方税收收入 增长率/GDP 增长率	地方税收收入 增长率/国民收入 增长率	地方税收收入 增长率/第二产业 增加值增长率	地方税收收入 增长率/第三产业 增加值增长率
2008	1.14	1.11	1.13	1.15
2009	1.35	1.49	1.83	0.95
2010	1.37	1.39	1.27	1.42
2011	1.39	1.44	1.39	1.37
2012	1.45	1.35	1.95	1.14
2013	1.37	1.46	1.96	1.03
2014	0.28	0.25	0.39	0.21
2015	1.95	2.11	8.47	1.10
2016	0.41	0.41	0.64	0.29
2017	0.59	0.54	0.49	0.54
2018	1.09	1.13	1.06	1.03
2019	0.22	0.17	0.23	0.15

注：数据根据1996—2020年《中国统计年鉴》及中华人民共和国统计局网站 http://data.stats.gov.cn/的数据计算而得。

由表4-3可知，我国地方税收收入不论是相对于GDP，还是相对于国民收入、第二产业增加值和第三产业增加值，总体上是富有弹性的，但呈现出阶段性的特征。2001年以前，地方税收收入的弹性非常不稳定。这可能是因为：分税制改革初期，改革效应存在时滞；亚洲金融危机带来GDP及其他经济指标增速下降，但地方税收收入增速下降相对较小；地区间税收竞争导致税收征收随意性较大，存在征收不足或征收过头税现象。总之，这段时期地方税收收入与经济增长的同步性表现不明显。2002—2013年间，地方税收收入总体超GDP增长，且其弹性相对比较稳定，在1.0~1.5之间。地方税收收入对于第二产业增加值的弹性较第三产业增加值的弹性强，仅少数年份对第三产业增加值的弹性超过第二产业。这说明地方税收收入受第二产业影响更大，我国地方税收收入属于工业驱动型。近几年，地方税收收入弹性又有较大的波动，主要是因为这阶段处于大规模"营改增"期间，改革对地方税收收入的冲击较大。

三、地方税收收入增长的影响因素分析

(一) 影响地方税收收入增长因素的理论分析

我国税收收入按照其性质可以分为五类：商品和劳务税、所得税、财产和行为税、资源税、特定目的税。其中商品和劳务税包括：增值税、消费税和关税（"营改增"前还包含营业税）。所得税包括企业所得税和个人所得税。财产和行为税包括：房产税、车船税、契税和印花税。资源税类包括：资源税、土地增值税和城镇土地使用税。特定目的税包括：城市维护建设税、车辆购置税、耕地占用税、烟叶税、环境保护税和船舶吨税。其中商品和劳务税、所得税大多为中央与地方共享税，其余各税多为地方专享税。大部分税种都以商品交易金额，或者净所得，或者财产价值为计税依据，追根溯源大部分均来源于GDP。因此，有大量文献分析税收收入与GDP之间的关系。但是GDP是一种宏观的核算方法，税收收入主要根据微观经济主体的会计核算指标获得。GDP和计税依据之间存在着不一致。有部分GDP为不可税GDP，如政府部门的生产和服务、总投资中的库存增加、非货币化的GDP。而也有部分税基不属于GDP的组成部分，如对存量资产的课税、国际贸易中的进口税。[1] 因此，在分析影响地方税收收入增长因素时，将GDP以支出法进行分解，将非地方税GDP部分剔除，更能准确地核算出GDP各组成部分对地方税收收入的影响。按支出法核算的 $GDP = C + I + G + (X - M)$。其中 C 表示消费，I 表示投资，G 表示政府购买，X 表示出口，M 表示进口。由于我国进口环节的税收收入归属于中央，政府购买的资金来源主要为税收收入，因此，本书主要讨论投资和消费对地方税收收入的影响。另外，受税制结构影响，不同产业结构的地区税收收入不一样，比如，营业税作为地方主体税种时，金融业对地方税收收入的贡献最大，其次是房地产业和建筑业。[2] 因此，产业结构也属于对地方税收收入增长产生影响的因素。税收征管水平和税收政策的变动也是影响地方税收收入的因素。吕冰洋、李峰（2007）认为，税收征管效率的提高每年促进税收增长约4.1%。[3] 但是税收征管效率的提高对增加地方税收收入是有限

---

[1] 王剑锋：《经济因素在税收增长中贡献作用的估算：1997—2005》，《税务与经济》，2007年第6期，第72页。

[2] 刘金东、冯经纶：《中国税收超GDP增长的因素分解研究——基于Divisia指数分解方法》，《财经研究》，2014年第2期，第30~40页。

[3] 吕冰洋、李峰：《中国税收超GDP增长之谜的实证解释》，《财贸经济》，2007年第3期，第29~36页。

度的，且呈现不断下降的趋势。

（二）影响地方税收收入增长因素的实证分析

1. 模型设定及变量说明

基于上述分析，本部分建立如下实证模型，以分析地方税收收入增长的影响因素：

$$\ln LTAX_{it} = \alpha + \beta_1 \ln CON_{it} + \beta_2 \ln INV_{it} + \beta_3 PIN_{it} + \beta_4 INDS_{it}$$
$$+ \beta_5 LnTMA_{it} + \mu_i + \lambda_t + \varepsilon_{it} \qquad (4-1)$$

其中，$i = 1, 2, \cdots, 30$，$t = 2001, \cdots, 2018, 2019$，$LTAX_{it}$ 表示 i 省（区、市）第 t 年的实际税收收入，CON_{it} 表示 i 省（区、市）第 t 年的最终消费支出，INV_{it} 表示 i 省（区、市）第 t 年的资本形成总额，PIN_{it} 表示 i 省（区、市）第 t 年城镇居民人均可支配收入，$INDS_{it}$ 表示 i 省（区、市）第 t 年的产业结构（具体为第三产业占 GDP 的比重），TMA_{it} 为 i 省（区、市）第 t 年的税收征管水平（具体为投入的税务稽查人员人数）。[①] μ_i 为个体效应，λ_t 为时间效应，ε_{it} 表示与时间和地区均无关的随机误差项。各变量具体含义如表 4-4 所示。

表 4-4　变量含义

变量	变量名称	变量含义及单位
$LTAX$	地方税收收入	归属于地方支配的税收收入，包括地方专享的税收收入，以及中央和地方共享税归属于地方的部分，以亿元为单位
CON	最终消费支出	指居民的个人消费，包括耐用消费品、非耐用消费品和劳务的支出，不包括建造住宅的支出，以亿元为单位
INV	资本形成总额	指增加或更换资本资产的支出，包括厂房、住宅、机器设备及存货，以亿元为单位
PIN	城镇居民人均可支配收入	是指城镇居民家庭全部现金收入能用于家庭日常生活的那部分收入，是城镇家庭总收入扣除缴纳的所得税及社会保障费用后的收入，以元为单位
$INDS$	产业结构	指国民经济各产业部门之间以及各产业部门内部的构成，本书用第三产业占 GDP 的比重，以百分比表示
TMA	税收征管水平	是指国家税务机关将潜在税源变为现实的税收收入的能力，本书以投入的税务稽查人员人数表示

---

①　衡量税收征管水平的理想指标是税收信息化建设投入水平和税收稽查人员投入水平，但本书研究中无法获取各地区完整的税收信息化建设投入数据，因此仅以税务稽查人员投入水平来衡量。税务稽查人员投入越多，税务稽查的力量可能越强，应征尽征的税收收入也就越多。

由于我国地域辽阔，自然环境差异较大，且我国改革开放政策采取的是"先富带动后富"的策略，因此，区域间税收收入、税收结构、消费及资本形成、产业结构以及税收征管水平都有较大差异。本部分先对总样本数据进行分析，然后再分区域进行分析，以更清晰地看到影响地方税收收入增长因素的全貌。

2. 总样本分析

（1）总样本数据说明及单位根检验。

本部分选取的是 2001—2019 年除西藏和港澳台外的全国 30 个省（区、市）的面板数据[①]，数据主要来源于 2002—2020 年的《中国税务年鉴》《中国统计年鉴》《中国税务稽查年鉴》，以及中华人民共和国国家统计局网站提供的数据。各变量描述性统计如表 4−5 所示。

表 4−5　总样本变量描述性统计

变量 Variable	观测数 Obs	均值 Mean	标准差 Std. Dev.	最小值 Min	最大值 Max
LTAX	570	1035.84	1219.53	0.19	8098.63
CON	570	6001.17	6208.60	167.31	40885.90
INV	570	6832.34	7598.38	160.46	86701
PIN	570	14806.8	7951.37	4724.11	54305.3
INDS	570	0.42	0.31	0.27	0.78
TMA	570	1355.94	803.12	112	4185

对面板数据进行估计的前提是面板数据是平稳的或者具有相同的单整阶数，为避免伪回归，需要先对数据进行平稳性检验。由于本部分数据属于平衡面板数据，且 $N>T$，拟分别采用 LLC 检验（Levin、Lin and Chu，2002）、Breitung 检验（Breitung，2000）、IPS 检验（Im、Pesaran and Shin，2003）检验，以及 Fisher−PP 检验（Choi，2001）。以上所有检验的原假设均为：面板中存在单位根。LLC 检验、Breitung 检验的备择假设为：所有截面对应的序列是平稳的。IPS 检验和 Fisher−PP 检验的备择假设为：至少有一个截面对应的序列是平稳的，其单位根检验结果如表 4−6 所示。

---

① 1994—2000 年属于分税制改革过渡期，政策时滞对税收收入带来的冲击较大，且金税工程刚起步，还存在重庆直辖市从四川省分离出来、亚洲金融危机等外部冲击，该阶段数据的一致性较差。

表 4-6　总样本单位根检验结果

变量	LLC t* 值	Breitung λ 值	IPS t-bar 值	Fisher-PP z 值	结论
ln*LTAX*	−7.6192 (0.2690)	8.5997 (1.0000)	−1.3043 (0.8462)	0.3439 (0.6345)	不平稳
Δln*LTAX*	−19.8997*** (0.0000)	−11.2190*** (0.0000)	−6.5168*** (0.0000)	−31.6432*** (0.0000)	平稳
ln*CON*	−6.6845* (0.0804)	15.0638 (1.0000)	−0.4443 (1.0000)	6.4280 (1.0000)	不平稳
Δln*CON*	−14.3088*** (0.0000)	−12.9204*** (0.0000)	−5.0216*** (0.0000)	−24.3101*** (0.0000)	平稳
ln*INV*	−6.4957* (0.0968)	13.0040 (1.0000)	−1.1735 (0.9737)	1.8573 (0.9684)	不平稳
Δln*INV*	−12.7411*** (0.0002)	−9.9283*** (0.0000)	−3.2013*** (0.0000)	−11.2510*** (0.0000)	平稳
ln*PIN*	−5.1850*** (0.0000)	9.7166 (1.0000)	−1.3638 (0.6421)	0.6593 (0.7452)	不平稳
Δln*PIN*	−9.3580*** (0.0000)	−14.1557*** (0.0000)	−3.8425*** (0.0000)	−15.4309*** (0.0000)	平稳
INDS	−9.8839* (0.0992)	0.8047 (0.7895)	−0.8131 (1.0000)	3.9471 (0.0000)	不平稳
Δ*INDS*	−20.4874*** (0.0000)	−13.1710*** (0.0000)	−3.9429*** (0.0000)	−16.3878*** (0.0000)	平稳
TMA	−8.1853*** (0.0000)	−0.5431 (0.2935)	−2.0857*** (0.0018)	−3.5405*** (0.0002)	平稳
Δ*TMA*	−18.3125*** (0.0000)	−11.9946*** (0.0000)	−4.6294*** (0.0000)	−21.7611*** (0.0000)	平稳

注：括号里为 P 值，*** 表示 1% 的显著性水平，** 表示 5% 的显著性水平，* 表示 10% 的显著性水平；单位根检验过程中的最优滞后期数按照 Schwarz 评价标准（SCI）确定。

通过单位根检验结果来看，ln*LTAX*、ln*C*、ln*I*、ln*PIN*、*INDS* 的水平值均是非平稳变量，只有 *TMA* 水平值通过了部分检验。经过一阶差分后，所有变量的四项检验均拒绝了原假设，即一阶差分后变量变得平稳了。可以认为，ln*LTAX*、ln*C*、ln*I*、ln*PERIN*、*INDS*、*TMA* 五个变量同为一阶单整变量，即 *I*(1)。

（2）总样本模型选择及实证结果。

对于面板数据的估计策略通常有混合回归、固定效应模型和随机效应模型三种。混合回归的基本假设不存在个体效应，即给定"H_0：all$\mu_i=0$"进行检验，结果显示，F 检验的 P 值为 0.0000，强烈拒绝原假设，即固有效应模型明显优于混合回归。然后，再通过 Hausman 检验，确定固定效应和随机效应谁更优，检验结果的 P 值为 0.0000，故应拒绝原假设，使用固定效应模型。模型具体回归结果见表 4—7。

表 4—7　总样本模型估计结果

变量	混合回归（POOLOLS）	固定效应模型（FE）	随机效应模型（RE）
lnCON	0.8416*** （0.0867）	0.6899*** （0.1087）	0.7482*** （0.0797）
lnINV	−0.0279 （0.0618）	0.2377*** （0.0771）	0.1335*** （0.0568）
lnPIN	0.7252*** （0.0000）	0.3270*** （0.0589）	0.4825*** （0.0792）
$INDS$	0.0709 （0.186）	−0.0221 （0.0200）	0.0042 （0.0142）
TMA	0.0001* （0.0001）	−0.0001 （0.0001）	0.0001 （0.0001）
C	−7.3866*** （0.6506）	−4.3813*** （0.3571）	−5.5679*** （0.4589）
$R-$squared	0.9080	0.9224	0.9286
个体效应		显著	
F 检验		16.88［0.0000］	
Hausman$-P$ 值			40.30［0.0000］

注：系数后面括号中的数为稳健标准误，*** 表示在 1％水平上显著，** 表示在 5％水平上显著，* 表示在 10％的水平上显著；F 和 Hausman 检验值下方括号中的数为各自的显著程度。时间效应不显著。

由固定效应模型的结果可知：消费与地方税收收入呈正相关关系，即消费的增加会带来地方税收收入的显著增加，且消费每增加 1 个百分点，地方税收收入增加约 0.69 个百分点。系数在 1％的水平上通过检验。这是因为我国是以流转税为主税收体系，且营业税在"营改增"前为地方税的主体税种，地方税收收入对消费的依赖性相对较大。投资与地方税收收入也呈正相关关系。具体为：投资每增加 1 个百分点，地方税收收入增加约 0.24 个百分点。这说明地方税对投资的依赖不如对消费的依赖严重。城镇居民人均可支配收入对地方税收收入也有正向作用，其数额每增加 1%，可导致地方税收收入增加约 0.33%。总样本固定效应模型的结果显示第三产业的比重与地方税收收入成负相关关系，即第三产业比重每增加 1 个百分点，地方税收收入会减少 0.02 个百分点，说明我国地方税收收入不是靠第三产业驱动的，这与前述结果也是一致的。但是系数未通过显著性检验。税务稽查人数的投入与地方税收收入也呈负相关关系，但也不显著。因此，总体来说，对地方税收收入影响的排序为：消费、城镇居民人均可支配收入、投资。这种格局与我国以流转税为主体税种的税制结构相吻合。

3. 地区样本分析

为更进一步发现不同地区地方税收收入的驱动因素，本部分进一步分不同区域对影响地方税收收入的因素进行分解。区域划分按传统的东、中、西部以及东北地区的划分方式进行。东部地区包括：河北省、北京市、天津市、山东省、江苏省、上海市、浙江省、福建省、广东和海南省。中部地区包括：山西省、河南省、安徽省、湖北省、湖南省和江西省六个相邻省份。西部地区包括：陕西省、四川省、云南省、贵州省、广西壮族自治区、甘肃省、青海省、宁夏回族自治区、新疆维吾尔自治区、西藏自治区、内蒙古自治区和重庆市十二个省（区、市）。东北地区包括：辽宁省、吉林省和黑龙江省。各地区内部经济发展程度和产业结构有更多共同点，以其实证结果与全国数据的实证结果进行比较，能更清晰地看出影响地方税收收入增长的因素。

（1）地区样本数据说明及单位根检验。

地区样本数据来源与总样本一致，其数据描述性统计见表 4-8。

表 4-8　分地区样本变量描述性统计

变量 Variable		观测数 Obs	均值 Mean	标准差 Std. Dev.	最小值 Min	最大值 Max
东部地区	LTAX	190	1824.03	1706.03	39.20	8098.63
	CON	190	9170.22	8571.86	284.51	40885.90
	INV	190	9431.48	8512.73	240.66	35587.40
	PIN	190	19539.69	10216.51	5358.32	54305.30
	INDS	190	0.45	0.11	0.32	0.80
	TMA	190	1700.24	904.98	258.00	3452.00

变量 Variable		观测数 Obs	均值 Mean	标准差 Std. Dev.	最小值 Min	最大值 Max
中部地区	LTAX	114	807.69	577.00	111.55	2158.44
	CON	114	6094.55	4315.46	946.04	20777.00
	INV	114	7026.43	6403.21	718.29	29560.10
	PIN	114	12708.40	5154.92	4724.11	21786.60
	INDS	114	0.37	0.05	0.27	0.55
	TMA	114	1631.96	599.19	969.00	3768.00
西部地区	LTAX	209	514.49	491.74	0.19	2353.51
	CON	209	3322.45	3009.98	167.31	17237.90
	INV	209	4486.94	7084.04	160.46	86701.00
	PIN	209	12163.9	4700.12	4912.4	24126.60
	INDS	209	0.42	0.48	0.29	0.71
	TMA	209	861.57	570.97	112.00	2355.00
东北地区	LTAX	57	766.15	628.81	103.83	2643.15
	CON	57	4960.41	3137.74	1174.91	13149.50
	INV	57	6105.77	4535.39	686.58	17469.07
	PIN	57	13047.66	5946.83	4810	26039.70
	INDS	57	0.38	0.05	0.29	0.54
	TMA	57	1453.90	627.77	716.00	4185.00

分地区样本同样要进行平稳性检验后才能回归，由于总样本单位根检验方法中的 IPS 检验更适用于短面板，而分地区数据 $T > N$，因此，对分地区数据样本的单位根检验采用 LLC 检验、Breitung 检验和 Fisher 式检验。其单位根检验结果如表 4—9 所示。

表 4-9　分地区样本单位根检验结果

变量		LLC t^* 值	Breitung λ 值	Fisher-PP z 值
东部地区	ln$LTAX$	−5.3186*** (0.0000)	2.5447 (0.9945)	−3.5334*** (0.0002)
	Δln$LTAX$	−4.5186*** (0.0000)	−4.1431*** (0.0000)	−13.7653*** (0.0000)
	lnCON	−2.4377*** (0.0074)	4.3436 (1.0000)	1.9424 (0.9740)
	$\triangle$lnCON	−5.2015*** (0.0000)	−5.2660*** (0.0000)	−9.3299*** (0.0000)
	lnINV	−5.6530*** (0.0000)	3.4986 (0.9998)	0.8738 (0.8089)
	ΔlnINV	−1.7972** (0.0362)	−3.2487*** (0.0006)	−5.5467*** (0.0000)
	lnPIN	−2.6559*** (0.0040)	2.7075 (0.9966)	0.9393 (0.8262)
	ΔlnPIN	−5.1203*** (0.0000)	−4.0549*** (0.0000)	−8.6977*** (0.0000)
	$INDS$	3.8315 (0.9999)	0.8413 (0.7999)	−0.2307 (0.4088)
	$\Delta INDS$	−4.8932*** (0.0000)	−5.0813*** (0.0000)	−9.4024*** (0.0000)
	TMA	−4.1210*** (0.0000)	−0.5036 (0.3073)	−1.4940* (0.0676)
	ΔTMA	−4.8211*** (0.0000)	−5.5157*** (0.0000)	−9.1126*** (0.0000)

变量		LLC t^* 值	Breitung λ 值	Fisher—PP z 值
中部地区	ln$LTAX$	−2.2760** (0.0114)	3.6064 (0.9998)	1.3811 (0.9164)
	△ln$LTAX$	−3.6547*** (0.0001)	−7.8526*** (0.0000)	−6.7358*** (0.0000)
	lnCON	−0.7961 (0.2130)	7.0494 (1.0000)	−1.7498** (0.0401)
	△lnCON	−5.3688*** (0.0000)	−6.5171*** (0.0000)	−6.5524*** (0.0000)
	lnINV	−4.5295*** (0.0000)	6.1275 (1.0000)	−0.5627 (0.2868)
	△lnINV	−2.5600*** (0.0052)	−3.9869*** (0.0000)	−4.4175*** (0.0000)
	lnPIN	−3.3834*** (0.0004)	3.9294 (1.0000)	−2.6259*** (0.0043)
	△lnPIN	−4.2877*** (0.0000)	−6.4808*** (0.0000)	−6.9095*** (0.0000)
	$INDS$	2.4338 (0.9925)	−0.4413 (0.3295)	1.0298 (0.8485)
	△$INDS$	−3.2202*** (0.0006)	−6.0135*** (0.0000)	−3.8462*** (0.0001)
	TMA	−0.5195 (0.3017)	−0.7095 (0.2390)	0.2973 (0.6169)
	△TMA	−5.8934*** (0.0000)	−5.6027*** (0.0000)	−8.2903*** (0.0000)

变量		LLC t^* 值	Breitung λ 值	Fisher—PP z 值
西部地区	$\ln LTAX$	−3.2211*** (0.0006)	4.0979 (1.0000)	−8.9378*** (0.0000)
	$\Delta\ln LTAX$	−3.9706*** (0.0000)	−5.4938*** (0.0000)	−21.1085*** (0.0000)
	$\ln CON$	−0.7335 (0.2316)	8.9817 (1.0000)	−3.3763*** (0.0004)
	$\Delta\ln CON$	−5.5389*** (0.0000)	−6.8273*** (0.0000)	−11.0718*** (0.0000)
	$\ln INV$	−3.7747*** (0.0001)	7.9865 (1.0000)	2.4938 (0.9937)
	$\Delta\ln INV$	−1.8525** (0.0320)	−6.3353*** (0.0000)	−5.0914*** (0.0000)
	$\ln PIN$	−3.6300*** (0.0001)	4.2302 (1.0000)	−0.1404 (0.4442)
	$\Delta\ln PIN$	−6.1337*** (0.0000)	−8.8253*** (0.0000)	−12.5174*** (0.0000)
	$INDS$	0.2598 (0.6025)	−1.7411** (0.0408)	−1.7220** (0.0425)
	$\Delta INDS$	−4.8525*** (0.0000)	−7.7338*** (0.0000)	−12.9146*** (0.0000)
	TMA	−1.9518** (0.0255)	−2.1023** (0.0178)	−3.5083*** (0.0002)
	ΔTMA	−7.3979*** (0.0000)	−8.4468*** (0.0000)	−16.6537*** (0.0000)

变量		LLC t^* 值	Breitung λ 值	Fisher-PP z 值
东北地区	ln$LTAX$	-2.1981** (0.0140)	1.6423 (0.9497)	1.9485 (0.9743)
	Δln$LTAX$	-4.6515*** (0.0000)	-5.1571*** (0.0000)	-5.7849*** (0.0000)
	lnCON	-0.7652 (0.2221)	4.2683 (1.0000)	-0.5075 (0.3059)
	$\triangle$lnCON	-4.1775*** (0.0000)	-4.5632*** (0.0000)	-5.7163*** (0.0000)
	lnINV	-2.7254*** (0.0032)	2.9375 (0.9983)	1.6571 (0.9513)
	ΔlnINV	-3.4602*** (0.0003)	-3.1501*** (0.0008)	-4.2519*** (0.0000)
	lnPIN	-3.0998*** (0.0010)	3.8896 (0.9999)	1.6419 (0.9497)
	ΔlnPIN	-2.5473*** (0.0054)	-4.4259*** (0.0000)	-3.8572*** (0.0001)
	$INDS$	3.3959 (0.9997)	0.9442 (0.8275)	2.3895 (0.9916)
	$\Delta INDS$	-3.2800*** (0.0000)	-3.5028*** (0.0002)	-4.3782*** (0.0000)
	TMA	-0.7845 (0.2164)	-1.9879** (0.0234)	-3.3168*** (0.0005)
	ΔTMA	-3.5563*** (0.0002)	-3.2605*** (0.0006)	-9.5729*** (0.0000)

注：括号里为 P 值，*** 表示1%的显著性水平，** 表示5%的显著性水平，* 表示10%的显著性水平。

由表4-9单位根检验结果可知，各地区 ln$LTAX$、ln$C$、ln$I$、lnPIN、$INDS$ 的水平值均是非平稳变量，而一阶差分后均变得平稳了，因此各地区 ln$LTAX$、ln$C$、ln$I$、lnPIN、$INDS$、TMA5 个变量同为一阶单整变量，即 $I(1)$。

（2）地区样本协整检验。

如果变量同阶单整，则可以进行协整检验以验证变量之间是否存在协整关系。本部分采用 Pedroni 检验和 Kao 检验，以验证变量之间是否存在协整关系。具体结果如表 4—10 所示。

表 4—10　分地区样本 Pedroni 及 Kao 协整检验结果

检验方法		东部地区	中部地区	西部地区	东北地区
Pedroni	Panel V	−0.4069 (0.6580)	−0.2114 (0.5837)	1.8438 (0.9999)	−0.3896 (0.6516)
	Panel rho	−3.5583*** (0.0002)	−3.9767*** (0.0000)	−3.7892*** (0.0000)	−3.7047*** (0.0001)
	Panel PP	−13.4866*** (0.0000)	−6.7578*** (0.0000)	−21.4592*** (0.0000)	−4.8438*** (0.0000)
	Panel ADF	−9.2714*** (0.0000)	−6.0929*** (0.0000)	−6.7303*** (0.0000)	−4.0544*** (0.0000)
	Group rho	1.2309 (0.8908)	0.8509 (0.8026)	1.8553 (0.9682)	0.9780 (0.8360)
	Group PP	−21.4220*** (0.0000)	−17.0276*** (0.0000)	−17.7735*** (0.0000)	−5.3459*** (0.0000)
	Group ADF	−8.7285*** (0.0000)	−8.2461*** (0.0000)	−9.9829*** (0.0000)	−4.9588*** (0.0000)
KAO		−5.0997*** (0.0000)	−2.1904** (0.0142)	−9.2969*** (0.0000)	−5.6894*** (0.0000)

注：*** 表示 1% 的显著性水平，** 表示 5% 的显著性水平，* 表示 10% 的显著性水平。括号里为 P 值。检验过程包含截距项，滞后阶数由 Schwarz 法则自动选择。

表 4—10 检验结果表明，4 个地区的除了 Panel V 和 Group rho 无法拒绝原假设外，其余统计量均在 5% 或 1% 的水平上拒绝原假设。Pedroni 方法是基于 Engle 和 Granger 两步法的面板数据协整检验的方法，该方法是以协整方程的回归残差为基础通过构造上述 7 个统计量来检验面板之间的协整关系，检验的原假设为面板之间不存在协整关系。这 7 个统计量中，Panel ADF 和 Group ADF 统计量具有较好的小样本性质，Panel PP 和 Group PP 统计量次之，其他则相对较差。因此，本部分主要参考 Panel ADF、Panel PP、Group ADF 和 Group PP 四个统计量。表 4—10 显示，上述 4 个指标均在 1% 的水平下拒绝原假设。Kao 检验也是在 Engle 和 Granger 两步法基础上发展起来的，但 Kao 检验在第一阶段回归方程设定为每一个截面个体有不同的截距项和相同的系数，在第二阶段基于 DF 检验和 ADF 检验，对第一阶段所求的残差序列进行平稳性检验。表 4—10 中，基于 Kao 检验的结果也在 1% 或 5% 的水平上拒绝原假设。因此，可以认为，上述各变量之间存在长期协整关系。

（3）地区样本模型选择及实证结果。

前面总样本 $N>T$，即数据为短面板数据，T 相对较小，每位个体的信息较少，无法探讨扰动项是否存在自相关，故一般假设扰动项独立同分布。分地区数据 $N<T$，即数据为长面板数据，T 相对较大，每位个体信息较多，可以放松该假定。对于扰动项可能存在的组间异方差、组内自相关或组间同期相关，可以用 OLS 来估计系数，同时对标准误进行校正，即面板校准标准误，也可以使用对异方差或自相关的具体形式进行假设的可行的广义最小二乘法（FGLS）进行估计。条件更为宽松的是全面 FGLS，该种估计方法同时考虑组内自相关、组间异方差或同期相关。表 4-11 分别列示了 PCSE（面板校准标准误）、PSAR1（允许各组自回归系数不同的组内自相关的 FGLS）、全面FGLS 的估计结果。

表 4-11　分地区样本模型估计结果

	变量	PCSE	PSAR1	全面 FGLS
东部地区	$\ln CON$	0.5643*** (0.1199)	0.6409*** (0.1067)	0.4874*** (0.0485)
	$\ln INV$	0.4979*** (0.731)	0.4573*** (0.0797)	0.4834*** (0.0283)
	$\ln PIN$	0.3454** (0.1438)	0.2429** (0.1175)	0.3909*** (0.0656)
	$INDS$	0.3710 (0.4812)	0.2103 (0.4284)	0.3978** (0.1426)
	TMA	−0.0001 (0.0001)	−0.0001* (0.0001)	−0.0001 (0.0001)
	C	46.8170 (32.1152)	39.8938 (28.7489)	27.9849** (13.9628)
	N	170	170	170
	$R-SQ$	0.9912	0.9989	

变量		PCSE	PSAR1	全面 FGLS
中部地区	lnCON	1.1807*** (0.2587)	1.4542*** (0.2904)	1.0774*** (0.1486)
	lnINV	0.3604** (0.1751)	0.3216** (0.1601)	0.3803*** (0.0631)
	lnPIN	0.2917 0.2088	0.2845 0.1947	0.0865 (0.1046)
	$INDS$	−0.6966 (0.6341)	−0.3064 (0.6581)	−0.4724* (0.2879)
	TMA	0.0001* (0.0001)	0.0001* (0.0001)	0.0001* (0.0001)
	C	147.1263* (88.3698)	201.6481* (96.6563)	96.3037** (43.8215)
	N	102	102	102
	$R-SQ$	0.9756	0.9958	
西部地区	lnCON	1.1184*** (0.3922)	1.1949*** (0.4469)	0.9603*** (0.0611)
	lnINV	0.0532 (0.2855	0.0668 (0.2997)	0.1039** (0.0278)
	lnPIN	0.3857** (0.1913)	0.3202** (0.6504)	0.3269*** (0.0462)
	$INDS$	−0.6620 (0.6682	−08142 (0.6504)	−0.4749*** (0.0962)
	TMA	−0.0001 (0.0001)	−0.0001* (0.0001)	−0.0001* (0.0001)
	C	46.3929 (90.9568)	55.3427 (98.8312)	6.8288 (20.8427)
	N	187	187	187
	$R-SQ$	0.8988	0.9492	

变量		PCSE	PSAR1	全面 FGLS
东北地区	lnCON	1.0421*** (0.1599)	0.1551 (0.1648)	−0.0454 (0.1477)
	lnINV	0.5623*** (0.0868)	0.4889*** (0.0489)	0.4368*** (0.0412)
	lnPIN	0.0527 (0.2509)	−0.0341 (0.1380)	0.0444 (0.1242)
	INDS	−0.9631* (0.5833)	−2.3050*** (0.2722)	−2.5834*** (0.2177)
	TMA	0.0001 (0.0001)	0.0001 (0.0001)	−0.0000 (0.0000)
	C	−6.4557*** (1.7529)	1.3737 (1.1633)	−137.5276*** (28.1384)
	N	51	51	51
	R−SQ	0.9779	0.9976	

注：系数后面括号中为标准误，*** 表示在 1% 水平上显著，** 表示在 5% 水平上显著，* 表示在 10% 的水平上显著。

总的来说，面板校正标准误差的 OLS 估计最为稳健，全面 FGLS 估计最有效率，而仅解决组内自相关的 FGLS 介于两者之间。从模型估计结果，可以得到如下结论（具体见表 4—12）：

东部地区影响地方税收收入的主要因素为：消费、投资和城镇居民可支配收入。消费每增加 1 个百分点，地方税收收入增加约 0.49 个百分点，系数在 1% 的水平下通过检验。投资每增加 1 个百分点，地方税收收入增加约 0.48 个百分点，同样在 1% 的水平下通过检验。城镇居民可支配收入与地方税收收入也呈正相关关系，但对地方税收收入的影响低于消费和投资，且显著性也不如消费和投资。因此，东部地区各要素对地方税收收入影响的整体趋势与总样本数据结论一致，只是消费的影响较总样本数据较弱，而投资的影响较总样本强，城镇居民可支配收入的影响与总样本持平。第三产业占比的影响依然较小，且不显著。稽查人员投入的影响可忽略不计。

中部地区消费是影响地方税收收入的最主要因素。消费每增加 1 个百分点，地方税收收入增加约 1.1%，即税收的消费弹性大于 1。投资每增加 1 个百分点，地方税收收入增加约 0.38 个百分点，高于总样本水平，但低于东部地区水平，且显著性水平也略低于东部地区和总样本。城镇居民可支配收入、第三产业比重、稽查人员投入均不显著，且第三产业比重与地方税收收入呈负相关关系。

西部地区也显示出地方税收收入对消费的较大依赖。消费每增加 1 个百分点，地方税收收入增加约 0.96 个百分点，地方税收收入的消费弹性接近 1。投资的系数小于或等于 0.1，说明投资对地方税收收入贡献非常小，且系数不显著。城镇居民可支配收入的系数约 0.33，在 1% 的水平上通过检验。第三产业比重与地方税收收入呈负相关关系，但不显著。稽查人员投入的影响依然可忽略不计。

东北地区倚重投资的特征很明显。投资每增长 1 个百分点，地方税收收入增长 0.44 个百分点左右。消费和城镇居民可支配收入对地方税收收入的影响均不明显。第三产业比重与地方税收收入呈现较强的负相关关系，第三产业每上升 1 个百分点，地方税收收入减少 2.58 个百分点左右，且 PSAR1 和全面 FGLS 均在 1% 水平下通过检验。稽查人员投入的影响依然不明显。

表 4-12　地方税收收入增长的影响因素分析

类型		全国	东部	中部	西部	东北
消费	弹性	0.6899	0.4874	1.0774	0.9603	−0.0454
	显著性水平	1%	1%	1%	1%	不显著
投资	弹性	0.2377	0.4834	0.3803	0.1039	0.4368
	显著性水平	1%	1%	1%	5%	1%
城镇居民可支配收入	弹性	0.3270	0.3909	0.0865	0.3269	0.0444
	显著性水平	1%	1%	不显著	1%	不显著
第三产业比重	弹性	−0.0221	0.3978	−0.4724	−0.4749	−2.5834
	显著性水平	不显著	5%	10%	1%	1%
稽查人员人数	弹性	−0.0001	−0.0001	0.0001	−0.0001	−0.0000
	显著性水平	不显著	不显著	10%	10%	不显著

注：此处弹性是指地方税收收入的弹性，如总样本的税收消费弹性为 0.6899，是指消费每增加 1%，则地方税收收入增加 0.6899%。

4. 实证结论

综上所述，我国总体上消费对地方税收收入的贡献最大，其次是个人可支配收入，再次是投资，第三产业比重呈弱负相关关系，稽查人员投入对地方税收收入没有影响。但由于我国地域辽阔，各地区经济发展水平、资源禀赋和产业结构差异较大，从而影响地方税收收入的因素也有较大差异。经济发达的东

部地区，消费、投资和居民可支配收入都对地方税收收入有显著的影响。中部地区有山西和河南两个煤炭大省，且整个中部地区第三产业和第二产业比重不相上下，其地方税收收入主要倚重消费，其次是投资。西部地区地方税收收入主要依赖消费，其次是居民可支配收入。东北地区地方税收收入则主要依赖投资。上述分析说明我国还是工业型地方税结构，在现有的税制体系下，产业结构升级对地方税收收入处于不友好的状态。

第三节　1994 年以来地方税结构的变化

一、地方税的税种结构

如前所述，我国地方税从 1994 年分税制改革起，经历了所得税分享改革和"营改增"两次对地方税影响较大的调整，本部分对地方税税种结构变化的分析也以这两次改革作为分界线进行。

（一）1994—2001 年

1994—2001 年，处于我国分税制改革的过渡期。此阶段，地方财政收入占全部财政收入的比重不断下降。地方税种结构也呈现出明显的过渡性特征。我国 1994 年统一了不同所有制的企业所得税，但从表 4-13 可以看出，直到 2000 年，才真正意义上建立起了与社会主义市场经济体制相适应的企业所得税制，且其占地方税收收入的比重略高于原国有企业所得税、集体企业所得税和其他所有制企业所得税之和。其他工商税也直到 1998 年才被其他税种替代。农业税在此阶段占比从百分之十左右下降到百分之四左右，但其在地方税收收入中仍有相对重要的地位。该阶段占主体地位的是营业税，营业税占地方税收收入的比重接近 1/3；其次是增值税；排第三位的是原国有企业所得税、集体企业所得税和其他所有制企业所得税等企业所得税之和。进入 2000 年以后，企业所得税收入占地方税收收入的比重上升到 1/5 左右。其他税种，如资源税、城镇土地使用税、证券交易印花税等在地方税收收入中占比都较小。总体来说，除了营业税和增值税外，其他税种的调整和波动都较大，地方税种结构凸显过渡性特征。

表 4-13　1994—2001 年地方各税种占比

税种	1994	1995	1996	1997	1998	1999	2000	2001
营业税	31.73%	32.67%	32.32%	29.01%	30.20%	29.46%	28.85%	26.56%
农业税	9.56%	9.61%	10.86%	9.12%	8.23%	5.97%	5.25%	4.11%
资源税	2.23%	2.17%	1.84%	1.41%	1.40%	1.27%	1.12%	0.96%
城镇土地使用税	1.59%	1.32%	1.26%	1.10%	1.22%	1.20%	1.14%	0.95%
城市维护建设税	7.61%	7.41%	7.01%	6.71%	6.58%	6.33%	6.13%	5.47%
耕地占用税	1.59%	1.22%	0.91%	0.81%	0.75%	0.67%	0.62%	0.55%
个人所得税	3.12%	4.48%	5.34%	6.10%	7.09%	8.37%	8.97%	10.28%
契税	0.56%	0.68%	0.77%	0.76%	1.23%	1.94%	2.30%	2.26%
企业所得税	14.29%	13.84%	12.93%	13.46%	11.91%	12.65%	18.49%	24.21%
增值税	28.42%	25.82%	23.86%	20.60%	20.47%	19.74%	20.04%	19.27%
证券交易印花税	1.11%	0.00%	1.95%	0.88%	0.55%	1.36%	0.96%	0.24%
其他税收	12.87%	16.39%	16.72%	16.91%	18.69%	8.40%	6.39%	5.14%

注：数据由 1995—2002 年《中国财政年鉴》整理而得。"占比"是指该税种收入占全部地方税收收入的比重。2000 年以前的企业所得税数据，是由国有企业所得税、集体企业所得税和其他所有制企业所得税加总而得，其中国有企业所得税平均约占地方税收收入的 9%。

这一阶段，各主要税种占比的变化趋势为：营业税和增值税占比呈现下降趋势，但两税合计占比接近或者超过 50%；企业所得税在 2000 年占比骤升；农业税下降较多。这也为 2006 年全面取消农业税奠定了基础。总体来说，这一阶段较多税种还处于不断调整和适应的阶段。具体情况见图 4-2。

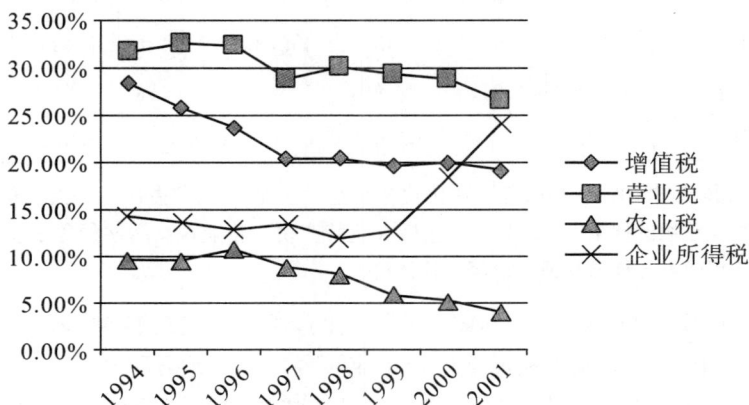

图 4-2　1994—2001 年主要地方税税种占比变化趋势

（二）2002—2011 年

该阶段地方专享税种包括：营业税、城市维护建设税、房产税、城镇土地使用税、土地增值税、车船税、契税、固定资产投资方向调节税、烟叶税、屠宰税、筵席税、农业税、牧业税等。中央与地方共享的税种包括：增值税、企业所得税、个人所得税、资源税、印花税等。其中，营业税属于地方主体税种，其收入占地方全部税收收入的1/3左右；其次为增值税地方分享部分，约占地方税收收入的1/5左右。各税种具体占比见表4-14。

表4-14 2002—2011年地方各税种占比

税种	2002	2004	2006	2008	2010	2011	平均
营业税	31.75%	35.77%	34.29%	32.31%	34.47%	33.75%	33.78%
城市维护建设税	6.46%	6.71%	6.44%	5.84%	5.87%	6.90%	6.37%
契税	3.31%	5.41%	5.99%	5.71%	7.72%	6.91%	5.89%
房产税	3.90%	3.67%	3.55%	2.97%	2.80%	2.75%	3.35%
城镇土地使用税	1.06%	1.06%	1.22%	3.57%	3.14%	3.0%	2.10%
土地增值税	0.28%	0.75%	1.60%	2.35%	4.00%	5.15%	2.07%
车船税	0.40%	0.36%	0.34%	0.63%	0.76%	0.75%	0.51%
烟叶税	—	—	0.29%	0.29%	0.25%	0.23%	0.27%
农业税	5.83%	1.98%	—	—	—	—	—
增值税	21.69%	22.36%	22.24%	19.81%	16.92%	15.34%	20.26%
企业所得税	14.69%	12.35%	14.61%	17.12%	15.09%	16.07%	12.59%
个人所得税	8.37%	6.95%	6.77%	6.50%	6.06%	6.05%	6.76%
资源税	1.04%	0.99%	1.43%	1.32%	1.31%	1.49%	1.25%
印花税	0.98%	1.24%	1.40%	1.58%	1.61%	1.54%	1.41%
其他	0.03%	0.4%	0.00%	0.00%	0.00%	0.07%	—

注：数据通过2003—2012年《中国税务年鉴》整理而得。"占比"是指该税种收入占地方税收收入总额的比重。"其他"项包括农业特产税、牧业税、屠宰税等小税种；"—"部分表示该年尚未开征该税或者已经停征该税。

由表4-14可以看出，2002—2011年间，我国地方税收收入中，营业税收入占最大比重，营业税和增值税两个流转税之和占地方税收收入总额的一半以上。所得税占20%左右。这体现出我国以流转税和所得税为双主体税种的特征。位列第三的是与房地产交易和保有密切相关的契税、房产税、城镇土地使用税和土地增值税，4 个税种之和占全部地方税收收入的 13.41%。

从趋势上看，流转税中，增值税占比在该阶段呈下降趋势，营业税占比总体比较平稳。所得税中，个人所得税占地方税收收入的比重呈下降趋势，企业所得税呈上升状态。与房地产密切相关的税种中，对存量房地产征收的房产税占比呈下降态势，而与房地产交易相关的契税、土地增值税和城镇土地使用税一直处于上升状态。具体情况见图 4-3。

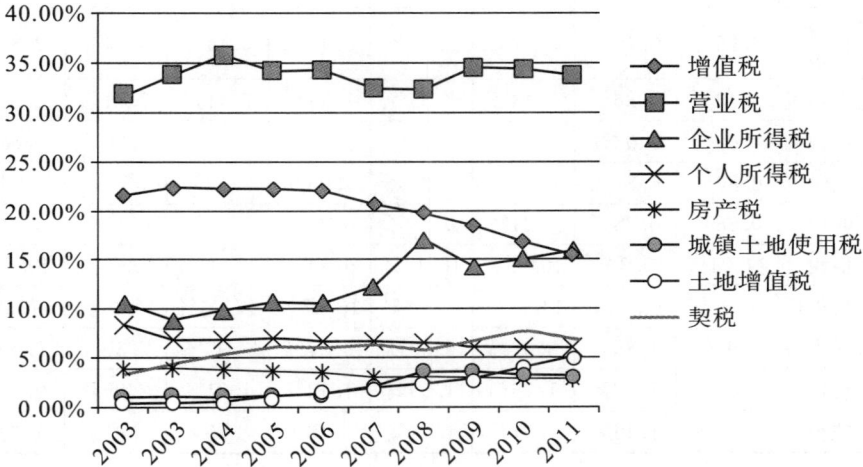

图 4-3 2002—2011 年主要地方税税种占比变化趋势

（三）2012—2019 年

2012—2019 年间，我国进行了"营改增"试点到全面推广的改革。此期间，地方税专享税种包括：营业税（2016 年 5 月 1 日后全部改征增值税）、城市维护建设税、房产税、城镇土地使用税、土地增值税、车船税、耕地占用税、契税和烟叶税。中央和地方共享的税种包括：增值税、企业所得税、个人所得税、资源税、印花税。其中营业税在全面"营改增"前仍然是主体税种，其收入占全部地方税收收入的 1/3 左右。其次为增值税，平均为 22.05%。增值税占比在此阶段较 2002—2011 年是有所下降的，其平均值上升，是因为"营改增"导致 2016—2019 年增值税占比激增。为弥补地方财政收入缺口，地方分享的增值税比例提高了 25%。2016 年全面"营改增"这一年，地方分享的增值税占全部地方税收收入的 29%。2017—2019 年，增值税占比进一步上升到 40%以上。此阶段企业所得税占比稳定在 15%左右。各税种具体占比见表 4-15。

表 4-15　2012—2019 年地方各税种占比

税种	2012	2013	2014	2015	2016	2017	2018	2019
营业税	32.85%	31.83%	29.95%	30.58%	15.72%	—	—	—
契税	6.07%	7.13%	6.76%	6.22%	6.65%	7.15%	7.54%	8.07%
土地增值税	5.75%	6.11%	6.62%	6.12%	6.51%	7.15%	7.43%	8.40%
城市维护建设税	6.20%	6.02%	5.85%	5.92%	6.00%	6.12%	6.16%	5.99%
城镇土地使用税	3.26%	3.19%	3.37%	3.42%	3.49%	3.44%	3.14%	2.85%
耕地占用税	3.43%	3.36%	3.48%	3.35%	3.14%	2.41%	1.74%	1.81%
房产税	2.90%	2.93%	3.13%	3.27%	3.43%	3.79%	3.80%	3.88%
车船税	0.83%	0.88%	0.91%	0.98%	1.06%	1.13%	1.09%	1.14%
烟叶税	0.28%	0.28%	0.24%	0.23%	0.20%	0.17%	0.15%	0.14%
增值税	14.24%	15.36%	16.49%	16.14%	29.00%	41.09%	40.52%	40.53%
企业所得税	16.00%	14.18%	14.93%	15.15%	15.67%	17.03%	17.22%	17.56%
个人所得税	4.92%	4.85%	5.02%	5.50%	6.24%	6.97%	7.30%	5.40%
资源税	1.81%	1.78%	1.76%	1.59%	1.42%	1.91%	2.09%	2.30%
印花税	1.46%	1.46%	1.51%	1.54%	1.48%	1.66%	1.61%	1.60%

注：数据根据 2013—2020 年《中国税务年鉴》的数据整理而得。"占比"是指该税种收入占地方税收收入总额的比重。

由表 4-15 可知，此阶段最大的特征是与房地产交易相关的税种所获取的收入占地方税总收入的比重较前一阶段有进一步上升，其在地方税收收入中的地位变得更加重要。契税、土地增值税占比均已超过个人所得税的占比。契税、土地增值税、城镇土地使用税和耕地占用税 4 种税收收入之和占比之和已超过 20%。目前，地方税收收入主要来自企业的生产环节，不利于统一市场的形成。"营改增"后地方税收收入的格局变成了共享的增值税是地方税收收入的主要来源，其次是与房地产交易相关税种的收入。与房地产交易相关的税种类别较多，形成了地方税主体税种不明确的状态，中央与地方的税收关系进入"大共享"时代。

从趋势上看，此阶段营业税和增值税的变化趋势刚好呈互补状态，即营业税减少的部分，主要靠增值税分享比例的提高来弥补。其余税种占比相对比较平稳。具体情况见图 4-4。

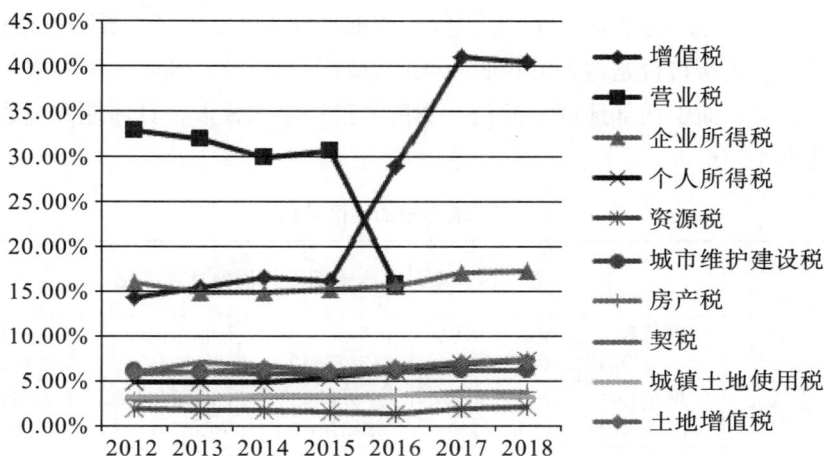

图 4-4　2012—2018 年主要地方税税种占比变化趋势

综合上述三个阶段的地方税结构，可以得到如下启示：①营业税一直是1994 年税制改革以来地方的主体税种，"营改增"以前占地方税收收入的 1/3左右。增值税在 1994 年以来总体比较平稳。这两个流转税之和占地方税收收入的一半左右。地方税收收入对流转税依赖较强，而我国流转税主要在生产或服务环节征收，纳税地点多为机构所在地，导致各地方竞相以各种税或非税的手段争取企业落户到本地，造成地区之间恶性税收竞争，不利于全国统一市场的形成，也破坏了税收的公平性。②屠宰税、筵席税、固定资产投资方向调节税等小税种税源匮乏，征收成本高，一直处于未真正征收，或者即使征收收入也很少的状态。因此，筵席税于 2002 年被取消，屠宰税于 2006 年被废止。2012 年，我国也废止了《中华人民共和国固定资产投资方向调节税暂行条例》。这说明我们在优化地方税体系时，需要考虑税收的行政效率，即征收成本要尽可能低。③我国有几个与房地产交易密切相关的税种，随着房地产市场的繁荣而为地方政府带来了数额不小的收入。未来随着房地产市场的成熟和平稳，中国地方税体系的优化需要开辟新的税源来替代与房产交易相关税种的税收收入，且新的税种需要富有弹性，税源要随着行业的发展而愈来愈丰裕。④不论是企业的存量资产还是个人的存量资产，我国现行税制对其征税都较少。存量资产可能可以成为未来地方税体系的重要收入来源。

二、地方税的地区结构

总的来说，我国某一地区地方税收收入与经济发展水平是一致的，以2018 年为例，东部地区地方税收收入约占全国地方税收收入的 46.90%，中部

地区占 20.61％，东北地区占 19.18％，西部地区占 13.31％。其中，增值税、营业税、企业所得税是占地方税收收入比重较大的税种，其收入更多来源于东部地区省份，而中西部地区资源税、契税等税种收入较多。具体地方税的地区结构见表 4-16。

4-16 地方税的地区结构

地区	省（区、市）	各（区、市）收入排前五的税种及其占比				
东部地区	北京	增值税（35.75％）	企业所得税（26.30％）	个人所得税（13.75％）	土地增值税（6.18％）	房产税（5.84％）
	天津	增值税（40.61％）	企业所得税（19.24％）	契税（9.37％）	土地增值税（7.85％）	个人所得税（7.23％）
	河北	增值税（41.55％）	企业所得税（15.99％）	契税（8.23％）	土地增值税（7.67％）	城建税（5.87％）
	山东	增值税（38.60％）	企业所得税（14.04％）	城镇土地使用税（9.01％）	土地增值税（8.31％）	契税（7.07％）
	江苏	增值税（44.17％）	企业所得税（17.66％）	契税（7.53％）	土地增值税（7.08％）	城建税（6.66％）
	上海	增值税（41.95％）	企业所得税（23.91％）	个人所得税（11.81％）	土地增值税（6.61％）	城建税（4.63％）
	浙江	增值税（44.56％）	企业所得税（16.64％）	个人所得税（8.00％）	契税（7.72％）	城建税（6.66％）
	福建	增值税（36.75％）	企业所得税（18.60％）	土地增值税（13.36％）	契税（8.16％）	个人所得税（7.33％）
	广东	增值税（41.43％）	企业所得税（19.93％）	土地增值税（9.46％）	个人所得税（8.52％）	契税（6.52％）
	海南	增值税（37.03％）	土地增值税（18.15％）	企业所得税（15.36％）	契税（6.80％）	城建税（5.38％）
中部地区	山西	增值税（44.59％）	资源税（19.51％）	企业所得税（12.48％）	城建税（14.99％）	个人所得税（3.43％）
	河南	增值税（38.16％）	企业所得税（14.26％）	契税（8.95％）	土地增值税（8.25％）	耕地占用税（8.12％）
	安徽	增值税（40.77％）	企业所得税（13.94％）	契税（12.40％）	城镇土地使用税（7.29％）	城建税（6.15％）
	湖北	增值税（38.29％）	企业所得税（15.55％）	土地增值税（9.60％）	契税（9.11％）	城建税（7.24％）
	湖南	增值税（39.91％）	契税（12.53％）	企业所得税（11.48％）	城建税（8.94％）	土地增值税（7.36％）
	江西	增值税（40.64％）	企业所得税（12.03％）	契税（11.10％）	土地增值税（7.79％）	城建税（5.90％）

地区	省 （区、市）	各（区、市）收入排前五的税种及其占比				
西部地区	陕西	增值税 （46.50%）	企业所得税 （11.88%）	资源税 （9.74%）	城建税 （6.76%）	个人所得税 （5.32%）
	四川	增值税 （41.57%）	企业所得税 （14.79%）	契税 （8.64%）	土地增值税 （7.09%）	城建税 （6.20%）
	云南	增值税 （42.79%）	企业所得税 （13.06%）	城建税 （9.10%）	个人所得税 （5.60%）	契税 （5.14%）
	贵州	增值税 （35.41%）	耕地占用税 （12.98%）	企业所得税 （12.43%）	土地增值税 （9.21%）	契税 （7.57%）
	广西	增值税 （40.56%）	企业所得税 （12.08%）	契税 （9.58%）	耕地占用税 （18.55%）	土地增值税 （6.88%）
	甘肃	增值税 （49.49%）	企业所得税 （12.29%）	城建税 （8.33%）	土地增值税 （5.27%）	个人所得税 （5.00%）
	青海	增值税 （48.57%）	企业所得税 （12.64%）	资源税 （10.10%）	城建税 （6.63%）	个人所得税 （4.87%）
	宁夏	增值税 （46.40%）	企业所得税 （6.67%）	资源税 （6.87%）	城建税 （6.48%）	个人所得税 （5.57%）
	新疆	增值税 （43.32%）	企业所得税 （12.10%）	资源税 （7.31%）	个人所得税 （6.86%）	城建税 （6.34%）
	内蒙古	增值税 （39.92%）	资源税 （15.85%）	企业所得税 （10.01%）	耕地占用税 （6.90%）	城镇土地使用税（6.31%）
	重庆	增值税 （36.38%）	企业所得税 （13.77%）	契税 （12.10%）	城镇土地使用税（9.96%）	土地增值税 （5.69%）
东北地区	辽宁	增值税 （43.35%）	企业所得税 （15.36%）	城镇土地使用税（7.67%）	城建税 （7.16%）	契税 （5.82%）
	吉林	增值税 （43.49%）	企业所得税 （16.93%）	契税 （8.27%）	城建税 （7.80%）	个人所得税 （5.43%）
	黑龙江	增值税 （39.66%）	企业所得税 （11.35%）	城镇土地使用税（8.34%）	土地增值税 （7.03%）	契税 （6.46%）

注：数据根据《中国税务年鉴（2018）》数据整理而得。

由表4－16可以看出：①"营改增"后，增值税地方分享部分是地方税收收入的最主要来源。绝大部分省（区、市）增值税收入占地方税收收入的四成左右，甘肃和青海的增值税收入甚至占到了近一半的比重。企业所得税是绝大部分省（区、市）收入排在第二位的税种。增值税和企业所得税收入之和占全部地方税收收入的60%左右，该占比约等于"营改增"前营业税、增值税和

企业所得税这三种税收入之和的占比。②东部地区和西部地区省份收入排前五的税种中包含了个人所得税。其中东部地区的北京、上海、浙江等省（市）的个人所得税是除了增值税和企业所得税外的第三大税种，这三个省（市）均是我国经济较发达的省（市）。西部地区较多省份个人所得税收入排前五是因为除了增值税外，其余税种税收收入规模都较小。③土地增值税和契税是除了增值税和企业所得税外，大部分省（区、市）收入排前五的税种。其中20个省（区、市）收入前五的税种中包含了契税，19个省（区、市）收入前五的税种中包含了土地增值税。海南的土地增值税收入、湖南的契税收入占比甚至超过了企业所得税收入的占比。总体上，四大片区中，中部地区地方税收收入对契税和土地增值税的依赖最强。④山西、陕西、青海、宁夏、内蒙古和新疆等省（区）资源税收入规模排到了前五，体现了这些省（区）对资源的依赖性较大。⑤部分地区，如河南、贵州、广西和内蒙古自治区，耕地占用税收入排到了前五，这四个省（区）均为经济落后的中部或西部省（区）。⑥烟叶税对云南省的税收贡献较大，其收入占云南省地方税收收入的4.31%，是云南省收入规模排第六的税种。

上述分析反映了我国地方税的地区结构面貌，可概括为：各省（区、市）地方税收收入主要依赖增值税和企业所得税，而这两个税种均为中央和地方共享的税种；除增值税外，东部地区税收收入主要依赖所得税，中部地区主要依赖与房地产交易的相关税种，西部地区主要依赖与土地和自然资源相关的税种。

第四节　中国地方税财力与支出责任的匹配

一、地方税收收入与支出责任的匹配

根据前文分析，地方税收收入应承担区域性的国家管理支出和区域性的科教文卫支出的责任。这两类支出与地方政府规模和居民对基本公共服务均等化需求水平直接相关。因此，地方税收收入应具有随经济发展水平上升而稳定增加的特性，为地方治理提供稳定而可预期的财力。我国近年来地方税收收入与支出责任的匹配情况具体见表4-17。

表 4-17　地方税收收入与支出责任的匹配情况

年份	地方税收收入（亿元）	地方一般公共预算支出（亿元）	地方税收收入/地方一般公共预算支出
2001	6453.99	13134.56	49.14%
2002	7406.16	15281.45	48.47%
2003	8413.27	17229.85	48.83%
2004	9999.59	20592.81	48.56%
2005	12726.73	25154.31	50.59%
2006	15228.21	30431.33	50.04%
2007	19252.12	38339.29	50.22%
2008	23255.11	49248.49	47.22%
2009	26157.43	61044.14	42.85%
2010	32701.49	73884.43	44.26%
2011	41106.74	92733.68	44.33%
2012	47319.08	107188.34	44.15%
2013	53890.88	119740.34	45.01%
2014	55139.91	129215.49	42.67%
2015	62661.93	150335.62	41.68%
2016	64691.69	160351.36	40.34%
2017	68672.72	173228.34	39.64%
2018	75954.79	188196.32	40.36%
2019	76980.13	203743.22	37.78%

注：数据根据《中国统计年鉴（2020）》和中华人民共和国财政部网站 http://www.mof.gov.cn/gkml/caizhengshuju/的数据计算整理而得。

由表 4-17 可以看出，地方税收收入占地方财政支出的比重在绝大部分年份均低于 50%，且呈现下降的趋势，2016—2019 年在 40% 左右徘徊。根据本章第二节的计算结果，合理的地方税规模应占地方财政支出的 50% 左右。因此，从满足地方政府事权与支出责任角度来看，近几年地方税规模稍微偏低。

如前所述，我国地方税规模和结构在各省（区、市）之间差异较大，相应地，与支出责任的匹配情况也差异较大，具体各省（区、市）地方税收收入与支出责任的匹配情况见表 4-18。

表 4—18　各省（区、市）地方税收收入与支出责任的匹配情况

省（区、市）	2016	2017	2018
北京	69.50%	68.53%	66.77%
天津	43.90%	49.11%	52.94%
河北	33.00%	33.13%	33.08%
山西	30.23%	37.20%	38.42%
内蒙古	29.60%	28.41%	28.97%
辽宁	36.86%	37.14%	37.02%
吉林	24.34%	22.92%	23.53%
黑龙江	19.58%	19.43%	20.97%
上海	81.31%	77.71%	75.26%
江苏	65.44%	61.05%	62.31%
浙江	65.10%	65.61%	64.74%
安徽	33.63%	31.77%	33.18%
福建	45.91%	43.82%	46.30%
江西	31.86%	29.64%	29.35%
山东	48.12%	47.73%	48.49%
河南	28.96%	28.35%	28.82%
湖北	33.05%	33.05%	33.94%
湖南	24.47%	25.61%	26.20%
广东	60.23%	59.00%	61.91%
广西	23.33%	21.55%	21.13%
海南	36.68%	37.64%	37.17%
重庆	35.94%	34.05%	35.30%
四川	29.08%	27.95%	29.05%
贵州	26.29%	25.58%	25.17%
云南	23.38%	21.60%	23.43%
陕西	27.44%	30.74%	33.46%
甘肃	16.70%	16.56%	16.18%
青海	11.57%	12.02%	12.47%
宁夏	19.65%	19.69%	21.02%
新疆	21.00%	20.37%	20.97%

　　注：数据根据 2017—2019 年《中国统计年鉴》的数据计算整理而得。地方税收收入与支出责任的匹配情况以地方税收收入/地方一般公共预算支出决算数表示。

由表 4—18 可以看出，地方税收收入占地方一般公共预算支出比重超过 60％的省（区、市）分别为上海、北京、浙江和江苏；地方税收收入占地方一般公共预算支出比重在 60％左右的为广东；地方税收收入占地方一般公共预算支出的比重在 50％左右的省（区、市）为天津、福建和山东；地方税收收入占地方一般公共预算支出不足 20％的省（区、市）为青海和甘肃，黑龙江和宁夏也在 20％左右徘徊。各地区之间地方税收收入与支出责任的匹配程度差异很大。经济发达地区地方财力充裕，能较好地履行其支出责任；而经济落后地区地方财力薄弱，较大程度需要非税收入和中央的转移支付来履行地方政府的支出责任。根据本章第二节的计算结果，各地区合理的地方税税负分别为：东部地区 10.69％、中部地区 14.97％、西部地区 7.97％、东北地区 7.18％。以 2018 年各地区的数据为例，各地区的实际税负分别为：东部地区 9.3％、中部地区 6.36％、西部地区 7.23％、东北地区 6.58％。可见，不论是从宏观税负合理的角度，还是承担地方政府支出责任的角度，目前地方税收收入规模总体稍稍偏低，且各地区之间差异很大。

二、省本级、市县级政府税收收入与支出责任的匹配

市县级政府是我国地方治理的主体，长期以来一直承担着大量的基本公共服务职责，包括基础教育、基本医疗卫生服务、城市公共交通服务等，因而市县级政府财力是地方治理能力和治理水平的重要保障。但分税制改革以来，我国县级财政困难比地市级和省级财政困难更为突出。为此，我国许多地区进行了"省直管县"财政体制改革，将市和乡一级财政虚化，即变"五级财政"为"三级财政"。但贾俊雪、郭庆旺、宁静（2011）的研究表明，省直管县财政体制创新在增强县级财政自给能力和改善财政状况方面并没有达到需要的成效。[1] 王小龙、方金金（2015）的研究也进一步验证了该结论。[2] 具体各省省本级、市县级税收收入与其支出责任的匹配情况见表 4—19。

---

[1] 贾俊雪、郭庆旺、宁静：《财政分权、政府治理结构与县级财政解困》，《管理世界》，2011 年第 1 期，第 30～39 页。

[2] 王小龙、方金金：《财政"省直管县"改革与基础政府税收竞争》，《经济研究》，2015 年第 11 期，第 79～93 页。

表 4-19　各省省本级、市县级税收收入与其支出责任的匹配情况

省（区、市）	市县级税收收入/全省（区、市）税收收入	市县级公共财政支出/全省（区、市）公共财政支出	市县级税收收入/市县级公共财政支出	省（区、市）本级税收收入/全省（区、市）税收收入	省（区、市）本级公共财政支出/全省（区、市）公共财政支出	省（区、市）本级税收收入/省（区、市）本级公共财政支出
北京	43.51%	52.94%	64.96%	56.49%	47.06%	96.96%
天津	61.44%	63.77%	47.07%	35.36%	36.23%	47.65%
河北	87.54%	65.58%	45.79%	18.24%	13.40%	46.75%
山西	47.08%	57.08%	37.88%	27.73%	25.87%	40.59%
内蒙古	62.84%	57.45%	35.05%	16.28%	14.03%	36.03%
辽宁	23.03%	31.80%	26.68%	10.90%	14.26%	2.82%
吉林	32.78%	47.29%	18.67%	26.97%	20.46%	35.50%
黑龙江	18.14%	37.47%	10.60%	23.30%	23.31%	21.89%
上海	49.16%	62.31%	70.33%	50.84%	37.69%	120.26%
江苏	41.26%	49.86%	68.70%	7.70%	14.00%	45.69%
浙江	52.22%	58.71%	55.78%	6.23%	12.45%	31.39%
安徽	48.96%	45.86%	36.68%	8.88%	12.83%	23.79%
福建	41.26%	57.71%	27.59%	10.53%	13.13%	40.67%
江西	74.26%	59.00%	43.27%	2.78%	14.93%	6.39%
山东	67.46%	58.52%	63.70%	3.03%	9.99%	16.78%
河南	36.07%	56.34%	19.78%	3.59%	12.19%	9.11%
湖北	30.91%	46.29%	32.72%	5.19%	14.56%	17.64%
湖南	21.84%	55.11%	27.75%	24.69%	9.27%	186.46%
广东	29.00%	41.05%	40.63%	24.19%	9.17%	151.77%
广西	37.53%	55.59%	17.13%	25.52%	16.83%	38.45%
海南	46.05%	63.18%	30.24%	35.83%	26.23%	56.68%
重庆	63.40%	61.14%	23.55%	36.60%	38.86%	48.93%
四川	30.19%	51.13%	18.53%	19.50%	13.78%	67.21%
贵州	46.62%	57.69%	23.42%	18.52%	24.69%	21.74%
云南	40.63%	62.07%	16.82%	20.03%	17.61%	29.21%

省（区、市）	市县级税收收入/全省（区、市）税收收入	市县级公共财政支出/全省（区、市）公共财政支出	市县级税收收入/市县级公共财政支出	省（区、市）本级税收收入/全省（区、市）税收收入	省（区、市）本级公共财政支出/全省（区、市）公共财政支出	省（区、市）本级税收收入/省（区、市）本级公共财政支出
陕西	21.31%	43.30%	23.17%	27.70%	22.84%	57.10%
甘肃	39.23%	58.20%	11.38%	29.62%	20.24%	24.70%
青海	84.69%	55.76%	20.63%	27.59%	46.40%	8.08%
宁夏	29.12%	36.77%	17.83%	17.43%	27.34%	22.58%
新疆	70.15%	58.31%	32.19%	6.06%	25.79%	6.29%

注：数据来源于2018年各省的财政年鉴和《中国县域统计年鉴（2018）（县市卷）》。

由表4—19可以看出，全国30个省（区、市）的市县级和省本级的税收收入和支出格局为：①市县级政府承担了相对较多的支出责任，而税收收入相对不足。30个省（区、市）中，只有河北、内蒙古、安徽、江西、山东、重庆、青海、新疆等8个省（区、市）的市县级税收收入占比超过其公共财政支出占比。吉林、黑龙江、河南、湖南、四川、云南、陕西等省（区、市）市县级税收收入占比低于财政支出占比约20%。如果在"葫芦型"事权与支出责任划分格局下，市县级税收收入的匮乏可能更加严重。②省级以下的财政分权程度各省之间差异较大。江苏、浙江、安徽、福建、江西、山东、河南、湖北等省（区、市）省本级集中的税收收入较少，承担的支出责任也较少，呈现出较高的分权程度。③市县级政府的财政自给水平发达地区高，落后地区低；省本级的财政自给水平各省之间差异很大。上海、湖南、广东等省（区、市）省本级财政较为宽裕，而辽宁、江西、河南、青海和新疆等省（区、市）省本级税收收入占本级公共财政支出的比重不足10%。

第五节　中国现行地方税体系的经验与问题

我国分税制财政管理体制运行和调整了二十多年，基本建立起了与社会主义市场经济相适应的地方税体系，也摸索出了适合我国改革的路径和面对突发问题的应对方法。我国地方税在履行其组织财政收入、调节经济、调节收入公平分配等职能时也越来越得心应手，具体经验可总结如下：

第一，我国地方税收收入规模基本合理，税收收入弹性足。按照对地方税

合理规模的测算，地方税占 GDP 的 10.62％较为合理。2019 年我国实际地方税收收入为 76980.13 亿元，当年 GDP 为 990865.10 亿元，地方税收收入占 GDP 的 7.77％。2018 年我国实际地方税收收入为 75954.79 亿元，当年 GDP 为 900309.50 亿元，地方税收收入占 GDP 的 8.44％。2017 年实际地方税收收入为 68672.72 亿元，当年的 GDP 为 820754.30 亿元，地方税收收入占 GDP 的 8.36％。[①] 可见，地方税收收入规模总体合理。2000 年以来，我国地方税收收入的弹性在绝大部分年份均保持在 1 以上，但近四年波动较大。

第二，中央集中相对较多的财力，然后通过转移支付的方式来平衡地区之间的财力差异。1978—1993 年间的分权改革，导致中央财政收入占全国财政收入的比重到 1993 年仅为 22％，中央财政陷入极为窘迫的地步。1994 年分税制改革后中央财政收入比重上升到 50％以上[②]，为宏观调控和调节区域间财力差异提供了必要的保障。我国部分省（区、市）经济发展水平落后、土地和自然资源贫乏，较大程度地依赖中央的转移支付，以保证地方运转的基本财力。在优化地方税体系的过程中，需要保证中央集中较多的财力，来实现公共服务均等化的目标。

第三，改革是"摸着石头过河"的过程。1994 年分税制改革对中央和地方财政关系进行了重大的调整，但改革也采取存量不动、增量改革，逐步达到改革目标的方式。"营改增"改革，通过增加增值税地方分享比例的办法来弥补改革带来的地方税收收入减少的问题，且通过先试点再逐步推广的办法，保证改革带来的冲击尽可能小。由此可以看出，我国的税收体制改革是逐步理顺中央和地方之间的税收关系。渐进式改革避免激进式全面改革带来的巨大冲击，也为修补改革的缺漏留了余地，更符合我国这样一个财政基础薄弱、地域广阔、利益主体多样的大国。

第四，中央与地方共享税具有较好的灵活性，又能弥补地方财力的不足。我国中央和地方共享的税种主要包括增值税、企业所得税、个人所得税。我国的共享税主要采取比例分成的办法，即将全部税收收入按照一定的比例在各层级政府之间进行划分。比例分成法的好处在于可以保持中央在对税源总体控制的前提下，给地方提供相应的财力。且由于中央和地方税源相同，能激励地方政府为增加本地区税收收入而培植相应的税源。比例分成法还能保证中央与地

---

① 数据来源：根据中华人民共和国统计局网站 http://data.stats.gov.cn/和中华人民共和国财政部网站 http://www.mof.gov.cn/zhengwuxinxi/caizhengshuju/的数据计算而得。

② 数据来源：1994—2020 年的《中国统计年鉴》。

方税收关系的灵活性。如"营改增"后，为弥补地方财政收入的不足，增值税地方分享比例由原来的 25％调高到 50％，这种直接调高分享比例的办法，能保证改革的顺利过渡，也不会对现有的税收体系造成较大冲击。

第五，筹集财政收入是优化地方税体系应首先考虑的要素。筹集财政收入是税收最重要的功能。不论中央还是地方，首先要有足够的财力，才能进行宏观调控，调节收入的公平分配，进行资源配置，维持社会秩序。放权让利和全面承包改革带来的财政窘迫、财政赤字的迅速增长，已是深刻的教训。财政资金不足还导致预算外资金的膨胀。1991 年预算外资金达到 3243.30 亿元，是当年全国财政收入的 89.82％，1992 年该比例更进一步上升到 92.82％。① 1994 年分税制改革后，中央财力得到显著提升，中央调控经济的能力和应对风险的能力也随之提升。地方财政资金的不足引发了土地出让金收入规模的膨胀。如 2019 年地方全部税收收入为 76980.13 亿元，国有土地使用权出让收入为 70631.06 亿元，地方税收收入：国有土地使用权出让收入＝1∶0.92。② 地方税首先保证地方政府收入的充足不仅是维护财政体制运转和维持社会秩序的必要条件，也是规范地方财政收入的前提。

我国虽然分税制运行多年，财税体制基本与社会主义市场经济相适应，但是我国客观经济形式在不断发生着变化。现阶段最大的变化就是经济进入新常态，经济增速由高速进入中高速阶段。地方税收收入是依托经济增长而增长的，因此，地方税收收入的增长速度也面临下降的压力。但是，提高居民生活质量、公共服务均等化、缩小区域差异等需求在上升，公共风险在增加，支出上升的压力也随之在增加。在这些背景下看我国现行地方税体系，还存在许多问题，具体如下：

第一，地方各层级政府之间的收入结构不合理。市县级财力相对于其承担的事权和支出责任来说比较困窘，省本级财力地区间差异较大。如果按照调整后的事权与支出责任的划分标准，市县级财政的困难可能将更大。

第二，地方税体系目标模糊。我国分税制改革以来地方税体系的调整主要服从于提高中央财力这一目标，未形成独立的地方税体系优化目标。我国的财税体制改革，包括 1994 年的分税制改革，以及后续的增值税转型、资源税从量征收改从价征收、"营改增"改革，既有调整中央与地方税收关系的目的，也有统一企业间税负、提高资源配置效率的目的。但这些改革更多的是从整体

---

① 数据来源：根据《中国统计年鉴（1994）》的数据计算而得。
② 数据来源：根据《中国财政年鉴（2020）》的数据计算而得。

层面理顺政府与市场的关系，并没有确立地方税体系的目标。

第三，不断变动的地方税体系不利于地方稳定预期。我国地方税体系自1994年分税制改革以来，一直在持续变动。比如所得税分享改革，将原来绝大部分归属地方的企业所得税收入和专属于地方的个人所得税收入改为中央分享50%，地方分享50%，实行了一年以后又将该比例调整为中央分享60%，地方分享40%。频繁的调整使得地方在计划其收支时比较被动。"营改增"改革使地方主体税种缺失，但中央也没有规划出替代的主体税种，而是以提高地方分享增值税比例作为过渡性方案。这些改革有利于产业结构的总体布局，但是会导致地方无法合理进行中长期规划。

第四，地方缺乏主体税种。"营改增"后的2016年，增值税和企业所得税收入占全部地方税收收入的44.67%，而该年还包含了4个月的营业税收入。2019年，增值税和企业所得税收入占全部地方税收收入的58.07%。增值税和企业所得税均为中央与地方共享的税种。改革后，地方专享的税种仅包括城市维护建设税、房产税、土地增值税、契税、城镇土地使用税、耕地占用税、车船税、烟叶税和环境保护税，其收入2017年仅占全部地方税收收入的31.35%，2018年占31.26%，2019年占32.58%。① 因此，"营改增"后，地方税专享税主要依靠与房地产密切相关的税种支撑。如果这种格局不改变，地方税收收入将较高程度依赖房地产交易，这不利于经济结构的调整。

第五，无差别的税收体系与较大的区域差异相矛盾。我国不仅东部、中部、东北、西部地区经济发展水平差距大，即使中部地区内部和西部地区内部，经济发展差距也不小，相应的地方税收收入规模和结构差异也较大。如2019年上海人均财政收入为29510.29元/人，而西部地区的甘肃人均仅为3212.05元/人，上海与甘肃人均财政收入之间的差距为9.19倍。② 不仅财政收入的绝对数差距大，各省之间地方税收收入结构也各不相同。如北京、上海、浙江占地方税收收入比重较高的是增值税、企业所得税和个人所得税收入，而天津、江苏、河北则是增值税、企业所得税和契税收入。山西和内蒙古的资源税收入超过了企业所得税收入，贵州的耕地占用税收入超过了企业所得税收入，云南的烟叶税收入具有重要地位。因此，全国无差别的税制体系不利于地方发挥其能动性。

第六，部分税种未能很好地实现其职能。全国统一的税制结构，使部分税

---

① 数据来源：根据2018—2020年《中国统计年鉴》的数据计算而得。

② 数据来源：根据《中国统计年鉴（2020）》的数据计算而得。

种不能充分发挥其职能。《中华人民共和国城市维护建设税暂行条例》规定城市维护建设税专门用于城市的公用事业和公共设施的维护建设，但现行城市维护建设税连城市维护支出都无法满足。2017 年城市维护建设税仅占城市维护和建设支出的 16.26％。① 资源税未能有效促进资源的节约利用，消费税、个人所得税和财产税在履行调节收入公平分配方面的职能上，也未能充分发挥其作用。

第六节　本章小结

在国家治理能力和治理水平现代化要求下，政府的财政职能可以概括为：资源配置、收入分配、稳定经济和维护公共秩序。税收的首要功能是为政府筹集足够的财政收入，地方税的功能可定位于：经济管理、社会管理。

拉弗曲线描述了税收收入和税率之间的倒"U"型关系，其实质是税负应有合理区间的理念。从税收和经济协同增长的角度出发，现阶段我国合理的地方税宏观税负为 10.62％，但地区之间也有差异，其中，中部地区最优宏观税负最高，东部地区次之，再次为西部地区，东北地区最优宏观税负最低。但是，该最优宏观税负也只能是确定地方税规模的参考指标之一，地方税规模的确定还要结合财政支出的规模和结构，综合考虑地方税履行其职能的需要。

由前述分析可知，我国地方税规模总体趋于合理，但结构不合理。省及以下层级政府事权和支出责任划分不清楚，市县级政府承担了较多的支出责任，但是税收收入匮乏，形成市县级财政捉襟见肘的局面。②

鉴于此，优化地方税体系主要应从如下方面入手：

第一，明确优化地方税体系的目标。税收最基本的功能是筹集财政收入。优化地方税体系的第一目标是为地方政府履行其支出责任从而实现地方治理目标筹集足够的财政收入。

第二，根据我国经济发展实际分阶段来优化地方税体系。对现有税收体系进行改造，为省级政府和市县级政府确定主体税种或通过共享税为省级和市县级政府确定主要的税收收入来源。省级主体税种的特征为：具有一定的资源配置和收入分配功能，保证具有控制公共风险的财力，引导和规范社会组织参与

---

① 数据来源：根据《中国城市建设统计年鉴（2018）》的数据计算而得。

② 孙开（2011）测算了我国分税制后县级的财政状况，发现我国县级财政自给能力水平不断下降，且"稳居"五级财政的末位，到 2009 年，县级财政自给能力仅为 0.4；贾俊雪、郭庆旺、宁静（2011）测算了我国县本级财政收入与财政支出的比值，样本均值为 39.05％。

社会公共事务。市县级政府主体税种的特征为：税源稳定、符合受益原则、税基稳定性强。共享税地方分享部分应充分考虑中央和地方两个利益主体的利益，保证为地方履行其支出责任提供充足的财力。

第三，以消费额、个人所得额、存量财产价值作为地方税的主要税基。现阶段，消费和个人可支配收入是影响地方税收收入规模最主要的因素，为给地方政府履行其支出责任筹集足够的收入，应以消费额和个人所得额作为地方税的主要税基。随着居民收入水平的上升，存量资产价值的提高，贫富差距的扩大，个人所得税和财产税调节收入公平分配的责任更加迫在眉睫。

第四，因地制宜地确定地方主要税种，给予地方政府更多自由选择的权利。经济发达的省份居民收入高，存量资产价值高，为直接税作为主体税种提供了条件。而经济落后地区自然资源丰富，地方税收入可依赖特色产业。

第五，充实市县级政府的财力，为市县级政府提供公共产品和服务提供充足的财力保障。

第五章　国际经验借鉴

世界各国由于经济发展水平、历史、文化等方面的差异，地方税各有其特点，如法国地方政府拥有较小的税权，日本地方政府拥有的税权比法国地方政府大，而美国地方政府拥有比日本地方政府更大的税权。但是各国在税权划分、共享税和专享税的选择、地方财力与支出责任匹配等方面也有许多共同之处值得中国在优化地方税体系时予以借鉴，如大部分国家税收立法权集中在中央，地方在不违反上位法规定的前提下对部分地方专享税具有一定的立法权；大部分国家税收收益权都倾向于中央拥有更多或与地方持平；各国税基流动性强、税收收入规模大的税种都有多层级政府对其税源课税，税基流动性弱或具有特定调节目的的税种的收入则主要专属于地方政府；大部分国家地方财力与其基本支出责任大致匹配。本部分将分别从税权划分、共享税情况、地方专享税情况、地方财力与支出责任的匹配等方面借鉴部分成熟市场经济国家的做法，为优化中国地方税体系总结国际经验。

第一节　税权划分

成熟市场经济国家税权的划分一般均有特定的法律加以规范。绝大部分国家的税收立法主要集中在中央，地方仅有有限的立法权。税收征管权在不同国家之间呈现出不同的分权程度。税收收益权各国均倾向于中央集中相对较多的收入，地方政府的税收收入占比相对较小。平均而言，大部分国家中央税收收入占全部税收收入的 50%～70%，地方占 30%～50%。

一、法国的税收分权改革

法国是一个有着深厚单一制传统的国家，中央政府高度集权。但 20 世纪以来，法国在 1982 年和 2003 年进行了两次分权改革。1982 年法国颁布了《关于市镇、省和大区权利与自由法》，该法较好地规范了中央和地方的财政关

系，更好地满足了社会公众对分权和多元化的需求。1982 年改革后，法国的地方行政层级由原省和市镇两个层级转为大区、省和市镇三个层级，三级政府均各自享有独立的决策权和执行权。三个层级官员的产生方法由任命制改为选举制，三个层级的管理权力整体转移到各地方议会，地方政府的税收权限有了一定程度的提高。2003 年，法国制定了《关于共和国地方分权化组织法》，确认法国是单一制的地方分权国家。

分权改革前，法国政府的预算收支全部由中央决定。分权改革后，各级政府有了部分独立的收入和支出，但法国的税权总体仍表现出较高的集中程度，包括税收立法权、税收征管权和税收收益权。法国宪法规定：共和国的地方组织包括市镇、省、大区、特殊地位的区域和宪法第 74 条规定的海外领域；地方组织通过选举产生的委员会来实施自治，并在其权限范围内享有制定规则的权利；地方组织可以征收全部或部分物产税，法律可以授权它们在法律规定的范围内决定征税的基础和税率。可见，法国宪法规定地方拥有自治的权利，在不违反中央统一规定的前提下拥有部分税基和税率的决定权，但总体上，税收立法权仍主要集中在中央。法国税收征管权也高度集中。全国统一设立隶属于中央政府的国家税务机构，各地下设分支机构。税务机构实行自上而下的垂直领导，不受地方议会的任何干预。地方税主要由分支机构负责征收，征收的地方税统一上交中央国库，然后再由中央国库分月返还给地方。法国的税收收入也绝大部分归属中央。2012—2017 年，不包含社会保障缴费的地方税收收入平均占全部税收收入的 27.96%，中央占 72.04%（见表 5-1）。

表 5-1　2012—2017 年法国地方税收收入占比

单位：亿欧元

类型	2012	2013	2014	2015	2016	2017
全部税收收入	4151.36	4331.90	4526.56	4551.50	4664.20	4773.25
地方税收收入	1158.23	1211.57	1233.77	1266.86	1313.54	1367.42
地方税收收入占全部税收收入的比重	27.90%	27.97%	27.26%	27.83%	28.16%	28.65%

注：数据根据 http://www.oecd-ilibrary.org/taxation/data/revenue-statistics/france_data-00236-en?isPartOf=/content/datacollection/ctpa-rev-data-en 数据整理而得。

二、日本和德国的适度分权模式

（一）日本

日本是一个有中央集权传统的单一制国家。虽然明治维新以及第二次世界大战后美国推行的民主化改革对日本中央与地方政府间财政关系产生了较大的影响，但日本固有的集权文化仍然发挥着很大的作用。1947年，日本颁布了《地方自治法》，确立了两层地方政府的基本结构。地方政府包括县级政府和基层地方政府。县级政府包括都、道、府、县，基层地方政府包括市、町、村。虽然《地方自治法》规定了地方立法机构和地方官员的权力，但也赋予了内阁大臣、自治大臣等干预地方事务的权力。

日本税权划分的一个突出特点是税收立法权和征管权相对集中，税收收益权相对分散。日本的税收立法权集中在国会，所有的税法都需要经过国会批准。地方政府可以在不违反国会颁布的法律的前提下，制定地方税种的条例。地方政府在地方税种的开征、停征、税率的确定和减免税方面也有一定的自主权。但是，中央对地方拥有课税否决权，具体表现为：地方一般只能根据《地方税法》所列举的税种课税，如果在《地方税法》所列税种之外课税，需要经地方议会讨论通过并报中央批准，且所实行的税率也不能违反《地方税法》的规定。日本的税收体系分为国税和地方税，分别由中央和地方政府课征，国税和地方税是两个独立的体系。国税系统管理着全国约70％的税收收入，地方税系统管理着约30％的税收收入。日本不包括社会保障缴费的税收收入占GDP的比重约在24％。2012—2017年，日本中央税收收入占全部税收收入的60％左右，地方税收收入占40％左右。具体情况见表5－2。

表5－2　2012—2017年日本地方税收收入占比

单位：十亿日元

类型	2012	2013	2014	2015	2016	2017
全部税收收入	81510	86601	94634	99068	98348	101007
地方税收收入	34461	35374	36785	39099	39392	39583
地方税收收入占全部税收收入比重	42.28％	40.85％	38.87％	39.47％	40.05％	39.19％

注：数据根据 http://www. oecd－ilibrary. org/taxation/data/revenue－statistics/japan _ data－00243－en4 数据整理而得。地方税收收入占全部税收收入的比重是指都、道、府、县和市、町、村两级地方政府的税收收入占全部税收收入的比重。

（二）德国

德国税权划分的特点为：税收立法权相对集中，税收征管权和税收收益权相对分散。德国由三级政府组成，即联邦、州和地方政府。《德国基本法》规定德国实行联邦和州分权的体制，联邦政府拥有立法权。其第三十一条规定，联邦法律优于各邦法律。基本法也赋予了各邦立法权，但同时规定，各邦只有经联邦法律授权并在其授权范围内，才有立法权。实践中，德国几乎所有的共享税和州税均由联邦立法，各州的立法权仅限于部分地方专享的税种。即使是针对地方专享税的立法权，联邦的立法权也优先于各州。州以下的地方政府则基本没有立法权。德国的税收征管权主要集中在州一级政府，联邦政府只对很小一部分联邦专享的税种行使征管权。州政府的税收征管权包括一部分联邦专享税、州专享税和全部共享税，其中共享税收入在德国联邦和州税收收入中均占有较高的比重。德国没有单独设立税务机构，税务管理由财政部的下设机构负责。德国中央和地方税收收入大约各占一半，2012—2017 年，州和地方税收收入之和占全部税收收入的比重平均约为 50.43％，中央平均约为 49.57％。具体情况见表 5-3。

表 5-3　2012—2017 年德国地方税收收入占比

单位：亿欧元

类型	2012	2013	2014	2015	2016	2017
全部税收收入	6157.79	6425.59	6663.19	6982.04	7309.75	7574.15
州及地方税收收入	2993.59	3186.01	3317.44	3528.42	3798.61	3944.35
州及地方税收收入占全部税收收入的比重	48.61％	49.58％	49.79％	50.54％	51.97％	52.08％

注：数据根据 OECD 数据库 https://stats.oecd.org/Index.aspx?DataSetCode=REV# 数据整理而得。

第二节　共享税情况

一、共享税税种及分享模式

国际上，绝大多数国家均存在各层级政府同源课税的现象，各国均以"专享税＋共享税＋政府间转移支付"的模式形成完整的政府间财力配置体系。[①]
大多数国家的个人所得税、企业所得税、销售税、消费税等税种为共享税种，
但共享税分享模式各国各有其特点。

日本现行税制共包括 53 个税种，其中个人所得税和法人税为中央与地方
共享税源的税种，消费税为中央和地方按比例分成的税种。个人所得税是日本
的第一大税种，中央、都道府县和市町村均对个人所得征税。其中，中央征收
个人所得税，都道府县征收个人居民税和个人事业税，市町村征收个人居民
税。个人居民税和个人所得税的课税项目相同，因此，地方的个人居民税属于
对中央个人所得税的附加课税。都道府县的个人事业税是对个体经营者的净收
入再次附加征收的税。法人税是日本的第二大税种，包括中央的法人税、都道
府县的法人居民税和法人事业税、市町村的法人居民税。其中，法人税的征收
对象为法人各经营年度从事经营获取的利润；法人居民税是对拥有事务所的居
民法人所附加征收的税，其计税依据是资本金总额和从业人员数量；法人事业
税是对设在都道府县的法人按照年收入所征收的税，当期已缴纳的法人事业税
允许在缴纳法人税时从应纳税所得额中扣除。日本的一般消费税采用价外计税
的方式，其应纳税额等于销项消费税额减去进项消费税额，因此相当于中国的
增值税。消费税由中央征收，但收入由中央和地方共享。

德国各级政府总共有 30 多个税种，其中个人所得税、公司所得税和增值
税 3 种税种的税收收入之和占全部税收收入的 70% 左右，且这 3 种税均为共
享税。[②] 德国联邦政府和州政府对共享税收入的依赖性较强，其中，联邦政府
税收收入的 2/3 来自共享税，州政府 85% 左右的税收收入来自共享税。个人
所得税在联邦、州和地方三级政府中按照比例分享。个人所得税包括工资所得
税和资本收益税。工资所得税在联邦、州和地方之间按照 42.5%、42.5% 和
15% 的比例分享。公司所得税在联邦和州之间按照各自 50% 的比例分享。德
国的增值税是调整联邦与州之间、州与州之间财政平衡的重要税种。联邦和州
之间的分享比例根据联邦和州财政收支的具体情况来确定。通常情况下，联邦
分享全部增值税收入的 50% 左右。各州之间则以公平原则为导向，主要根据
居民数量来确定增值税的分享比例。州增值税收入的 75% 按照人口分配，
25% 用以弥补那些财政实力指数不到全国平均水平 92% 的州。补偿后，州增

---

① 国外虽然无"共享税"这种提法，但广泛存在各层级政府同源课税的现象。国外这种依据其
税源征收的税收收入，各层级政府均有支配权的税种符合本书共享税的定义，我们将其称为"共享
税"。

② 数据来源：根据 https://stats.oecd.org/Index.aspx?DataSetCode＝REV＃数据计算而得。

值税收入 25％的部分如果还有剩余再根据各州人口进行分配。

美国现行税制以所得税作为主体税种。个人所得税为联邦、州和地方共享税源的税种，公司所得税、遗产和赠与税为联邦和州共享税源的税种，销售税则主要为州和地方共享税源的税种。美国的联邦、州和地方均征收个人所得税，但以联邦个人所得税为主，州和地方根据各自的情况再附加课税。联邦和州两级均征收公司所得税，各州可以在不违反上位法律的前提下，自行确定公司所得税税率。联邦政府和州政府均可征收遗产和赠与税，有些州不仅对遗嘱执行人征税，而且对遗产接收人再征一次税。遗产和赠与税收入联邦政府约占80％，州政府约占 20％。销售税是美国各州和地方政府对商品和劳务按其销售价格征收的一种税，是州政府税收收入的主要来源，约占州政府全部税收收入的 55％左右。① 相对于其他国家，美国的州和地方对与中央共享税源的税种拥有较大的税权，包括立法权、开征停征权和税率选择权。

其他国家，如俄罗斯、印度等国的共享税均为其收入占全部税收收入比重较大的税种，如俄罗斯的个人所得税、公司所得税和消费税，印度的所得税和销售税等。主要各国共享税税种见表 5－4。

表 5－4　主要国家共享税税种

国家	共享税税种
日本	个人所得税、法人税、消费税
德国	个人所得税、公司所得税、增值税
俄罗斯	个人所得税、企业所得税、消费税、自然资源税类
印度	所得税、销售税、消费税、财产税、遗产税、资源税
美国	个人所得税、公司所得税、遗产和赠与税、销售税
捷克	个人所得税、企业所得税、增值税
意大利	个人所得税、企业所得税、消费税
葡萄牙	个人所得税、企业所得税、增值税、消费税、印花税
西班牙	增值税、消费税

二、地方共享税收入规模

绝大多数国家省（州、都道府县、地区等）级政府税收收入中，共享税收

---

① 数据来源：根据 https://stats.oecd.org/Index.aspx?DataSetCode=REV#数据计算而得。

入占比较高，基层政府税收收入中共享税占比较低。其中，所得税在各层级政府之间的分享情况为：中央分享多，省（州、都道府县、地区等）级政府分享较少，基层政府分享少或不参与分享。销售税或消费税在各层级政府之间的分享情况为：中央分享较少，省（州、都道府县、地区等）级政府和基层政府分享较多。

（一）日本地方共享税收入规模

日本都道府县的共享税种包括个人居民税、个人事业税、法人居民税、法人事业税和消费税，市町村的共享税种包括个人居民税、法人居民税。个人居民税和个人事业税收入占都道府县和市町村税收收入的33％左右，法人居民税和法人事业税收入占17％左右，消费税收入占比约为10％。三类共享税收入之和占全部地方税收收入的60％左右。具体情况见表5-5。

表5-5　2012—2017年日本都道府县、市町村共享税收入规模

单位：十亿日元

类型		2012	2013	2014	2015	2016	2017
全部地方税收收入		34460.9	35374.3	36785.4	39098.5	39392.3	39583.0
地方个人所得税收入	数量	11902.4	12285.4	12515.6	12669.2	12691.4	12814.9
	占地方税收收入比重	34.54％	34.73％	34.02％	32.40％	32.22％	32.37％
地方企业所得税收入	数量	5328.6	5685.1	6424.4	6692.6	7034.9	7073.1
	占全部地方税收收入的比重	15.46％	16.07％	17.46％	17.12％	17.86％	17.87％
地方消费税收入	数量	2551	2650	3106	4974	4703	4599
	占全部地方税收收入的比重	7.40％	7.49％	8.44％	12.72％	11.94％	11.62％

注：数据根据 https://stats.oecd.org/Index.aspx?DataSetCode=REV♯ 数据整理而得。表中地方税收收入、地方个人所得税收入、地方企业所得税收入以及地方消费税收入均为都道府县和市町村两级政府相应税收收入的合计数。

（二）德国地方共享税收入规模

德国是典型的税收"大共享"的国家，州和地方政府对共享税收入的依赖性较强。州政府与联邦政府共享的税种包括个人所得税、企业所得税和增值税。其中州分享的个人所得税占全部州税收收入的45％左右，州分享的增值税收入占38％左右，州分享的企业所得税收入占6.3％左右。地方政府与州和联邦政府共享个人所得税收入，其中地方政府分享全部个人所得税收入的

15%。地方分享的个人所得税收入占全部地方政府税收收入的54%左右。可见，德国的州和地方政府以共享税作为本级税收收入的主要来源，其中，州级政府接近90%的收入来自共享税，地方政府超过一半的收入来自共享税。具体情况见表5-6。

表5-6　2012—2017年德国州、地方共享税收入规模

单位：亿欧元

类型		2012	2013	2014	2015	2016	2017
州税收收入		2174.47	2335.53	2437.93	2594.92	2796.77	2890.95
州个人所得税收入	数量	1029.11	1073.48	1125.38	1190.35	1246.33	1326.92
	占州税收收入比重	47.33%	45.96%	46.16%	45.87%	44.56%	45.90%
州增值税收入	数量	866.65	880.32	905.93	967.51	1059.61	1057.65
	占州税收收入的比重	39.86%	37.69%	37.16%	37.28%	37.89%	36.60%
州企业所得税收入	数量	134.77	146.19	146.51	150.08	185.26	201.69
	占州税收收入的比重	6.20%	6.26%	6.01%	5.78%	6.62%	6.98%
地方税收收入		819.12	850.48	879.51	933.50	1001.84	1054.30
地方个人所得税	数量	434.67	460.82	479.98	508.35	542.00	571.60
	占地方税收收入的比重	53.07%	54.18%	54.57%	54.46%	54.10%	54.22%

注：数据根据 http://www.oecd-ilibrary.org/taxation/data/revenue-statistics/germany_data-00237-en?isPartOf=/content/datacollection/ctpa-rev-data-en 整理而得。

（三）美国地方共享税收入规模

美国州级政府与联邦和地方共享个人所得税，与联邦共享公司所得税，与地方共享销售税。其中，销售税收入是州级政府最主要的税收收入来源，占全部州税收收入的55%左右。个人所得税收入也是州级政府重要的税收收入来源，占全部州税收收入的36%左右。公司所得税收入约占全部州税收收入约5.2%。地方的共享税主要是与州政府共享的销售税，其收入约占全部地方税收收入的23%（表5-7）。可见，美国州级政府对共享税收入的依赖性较强，地方政府也部分依赖共享税收入。

表 5-7　2012—2017 年美国州、地方共享税收入规模

单位：亿美元

类型		2012	2013	2014	2015	2016	2017
州税收收入		8098.46	8623.75	8839.57	9193.56	9347.94	9703.88
州个人所得税收入	数量	2870.76	3131.72	3191.70	3435.10	3512.64	3736.81
	占州税收收入比重	35.45%	36.32%	36.11%	37.36%	37.58%	38.51%
州公司所得税收入	数量	436.91	461.98	483.10	492.14	478.11	435.47
	占州税收收入的比重	5.39%	5.36%	5.47%	5.35%	5.11%	4.49%
州销售税收入	数量	4618.93	4837.82	4975.23	5066.43	5252.13	5315.12
	占州税收收入的比重	57.03%	56.10%	56.28%	55.11%	56.18%	54.77%
地方税收收入		6104.94	6236.37	6470.92	6692.92	6987.13	7314.21
地方销售税收入	数量	1372.59	1423.59	1477.97	1559.76	1631.11	1704.65
	占地方税收收入的比重	22.48%	22.83%	22.84%	23.30%	23.34%	23.31%

注：数据根据 http://www.oecd-ilibrary.org/taxation/data/revenue-statistics/united-states_data 整理而得。

第三节　地方专享税情况

一、地方专享税税种

绝大部分成熟市场经济国家每级政府都有稳定的税收收入来源，除了前述的与中央共享的税种外，各级地方政府均有数量众多的地方专享税种。这些国家地方专享的税种主要包括财产类税种和特定目的税种。各国的特定目的税种通常灵活程度高，与特定阶段地方治理重点密切相关，可根据经济发展状况和社会新出现的问题来确定其去留。

日本地方专享税税种很多，但主体税种突出，主要以房地产税类为主，包括房地产交易税、房地产保有税和房地产所得税。房地产税类收入占市町村税收收入总额的 70% 左右。[①] 除此之外，都道府县的专享税种还包括都道府县水

---

① 数据来源：根据 https://stats.oecd.org/Index.aspx?DataSetCode=REV# 数据计算而得。

利地益税、烟草税、高尔夫球场利用税及其他小税种。市町村的专享税种还包括城市规划税、市町村水利地益税、公共设施税、地皮开发税、国民健康税、市町村烟草税及其他小税种。

美国地方专享税种中，财产税是其最主要的税收收入来源。美国联邦政府不征收财产税，州政府的财产税收入也比较少。地方政府的不动产税占其全部税收收入的70%左右。① 美国由于各州的税收立法权较大，州与州之间开征的税种存在较大的差异。州政府的专享税主要包括财产税、特许权税、机动车牌照税、商业税等。地方政府的专享税种主要包括不动产税、个人财产出租交易税、娱乐税、机场发展税及其他零星小税种。

德国州级政府的税收收入绝大部分来自共享税，但州级政府也有其专享的税种，主要包括财产税、遗产和赠与税、啤酒税、赌博税、博彩税、防火税、机动车税等。地方政府的专享税则主要包括不动产税、娱乐税、狗税、渔猎税及其他零星小税种。

其他国家如俄罗斯、英国、法国等国各层级政府均有其主要的专享税种，其中财产税为各国基层政府的主体税种，其他专享税种主要是税基流动性弱的土地相关税种以及与地方治理密切相关的特定目的税种，如英国的旅游税、法国的矿泉水附加税等。除此之外，部分国家地方政府还征收娱乐税。主要各国地方专享税税种见表5-8。

表5-8　主要国家地方专享税税种

国家	次级政府专享税税种	基层政府专享税税种
日本	都道府县财产税、不动产购置税、都道府县水利地益税、都道府县烟草税、高尔夫球场利用税、汽车税、车辆购置税、矿区税、轻油交易税、狩猎税、猎人牌照税、县物业税等	市町村财产税、城市规划税、市町村水利地益税、公共设施税、地皮开发税、入汤税、国民健康税、市町村烟草税、轻型汽车税、矿山税、电力和天然气税等
美国	财产税、特许权税、机动车牌照税、商业税等	不动产税、个人财产出租交易税、娱乐税、机场发展税、用电税、电力基础设施维护税、道路运输税、轮胎税、香烟税、汽柴油燃油税、新机动车零售税、停车场所和车库经营税、酒精饮料税等

---

① 数据来源：根据 https://stats.oecd.org/Index.aspx?DataSetCode=REV#数据计算而得。

国家	次级政府专享税税种	基层政府专享税税种
德国	财产税、遗产和赠与税、啤酒税、博彩税、赌博税、防火税、机动车税等	不动产税、娱乐税、渔猎税、狗税、饮料税、许可证税、附加不动产转让税、酒馆零售税等
俄罗斯	企业和组织财产税、不动产税、道路交通税、运输税、销售税、赌博税等	土地税、自然人财产税、广告税、继承与赠与税等
英国	家庭财产税、车辆消费税、地方印花税、土地税、旅游税、环境税等	
法国	房地产税、土地闲置税、运输联盟税、垃圾处理税、保险单税、汽车登记税、娱乐税、农业协会税、街道清洁税、金融和资本附加注册税、烟草和火柴税、啤酒和矿泉水税、酒精税、电力热力税、水资源税、葬礼税、广告税、电塔税、学徒税等	

二、地方专享税收入规模

无论是单一制国家还是联邦制国家，地方税收收入中专享税收入规模均占一定比例，部分国家如法国、英国等国没有共享税，地方税收收入全部为专享税收入。大多数国家的地方专享税收入主要来源于财产税，其中不动产税收入又是财产税收入中规模最大的。

日本地方税收收入的约40％为专享税收入，其中市政财产税（包括都道府县财产税和市町村财产税）是地方专享的主体税种，其收入占全部地方税收收入的23％左右，占地方专享税收入的60％左右。其次为汽车税收入，约占全部地方税收收入的4％。日本的汽车税其实质是财产保有税。排第三位的是城市规划税收入，其收入约占地方税收收入的3％。日本的城市规划税是对城市规划内的土地和房屋的所有人以土地和房屋的评估价为计税依据征收的一种税，其实质也是财产保有税。除这三种专享税外，日本其余的众多地方专享税种仅占全部地方税收收入的10％左右，因此，日本地方专享税收入主要来源于财产税收入。具体情况见表5-9。

表5-9　2012—2017日本主要地方专享税收入规模

单位：十亿日元

类型		2012	2013	2014	2015	2016	2017
地方税收收入		34460.9	35374.3	36785.4	39098.5	39392.3	39583.0
市政财产税收入	数量	8580	8653	8769	8755	8894	9004
	占地方税收收入的比重	24.90%	24.46%	23.84%	22.39%	22.58%	22.75%
汽车税收入	数量	1586	1574	1556	1543	1535	1535
	占地方税收收入的比重	4.60%	4.45%	4.23%	3.95%	3.90%	3.88%
城市规划税收入	数量	1216	1227	1244	1244	1262	1275
	占地方税收收入的比重	3.53%	3.47%	3.38%	3.18%	3.20%	3.22%

注：数据根据 https://stats. oecd. org/Index. aspx? DataSetCode＝REV♯数据整理而得。

美国州级政府的税收收入主要来自中央共享的个人所得税和与地方政府共享的销售税，专享税收入占州税收收入的比重较小。地方政府的税收收入则主要来自地方专享的不动产税。不动产税收入占全部地方税收收入的约70%。[①]除此之外，地方专享的税种还包括娱乐税、酒税等一些零星的小税种。

德国州级政府税收收入仅约10%来自专享税，其中财产税在州级专享税种占最大比重，其次是遗产与赠与税。财产税占州专享税收入的60%左右，占全部州税收收入的6%左右。遗产与赠与税占州专享税收入的35%左右，占全部州税收收入的2%左右。德国地方政府的专享税收入则主要来自不动产税收入，其不动产税收入占地方专享税收入的90%左右。[②]

法国没有共享税，地方税收收入全部为专享税收入。其中，财产税是地方税收收入中规模最大的，约占地方税收收入的51%，其中又以不动产税收入为主，不动产税收入占全部地方税收收入的43%左右。收入排第二位的是能源

---

① 数据来源：根据 https://www. oecd－ilibrary. org/taxation/data/revenue－statistics/united－states _ data－00258－e n? parent＝http％3A％2F％2Ffinstance. metastore. ingenta. com％2Fcontent％2Fcollection％2Ftax－data－en 数据计算而得。

② 数据来源：根据 https://www. oecd－ilibrary. org/taxation/data/revenue－statistics/germany _ data－00237－en? Parent＝http％3A％2F％2Ffinstance. metastore. ingenta. com％2Fcontent％2Fcollection％2Ftax－data－en 计算而得。

产品税，其收入占地方税收收入的比重接近 9%。[①] 除此之外，运输联盟税、垃圾处理税、保险单税、汽车登记税等收入规模相对较大。剩余的其他税种则均为小规模收入的税种。

第四节　地方财力与支出责任的匹配

美国高度分权的财政管理体制使得地方拥有较大的财政自主权，每级政府的收入与支出责任匹配度较高。2016—2018 年美国联邦政府、州政府和地方政府的财政收入占全部财政收入的比重分别约为 54.24%、25.17%、20.59%，联邦、州、地方政府的财政支出占全部财政支出的比重分别约为 52.37%、23.03%、24.61%。联邦和州政府的财政收入占比略高于财政支出的占比，地方政府的财政收入占比略低于财政支出的占比。其中，联邦政府的收入基本上全部为税收收入，州和地方政府的收入除了税收收入外，还有少部分收费收入和其他收入。联邦政府对州和地方政府的转移支付占州和地方政府财政支出总额的 15% 左右。2016—2018 年美国各级政府的财政收入和财政支出对比情况见表 5—10。

表 5—10　2016—2018 美国各级政府的财政收入和财政支出对比情况

类型	2016	2017	2018
州政府支出占全部财政支出的比重	22.99%	23.03%	23.06%
州政府收入占全部财政收入的比重	25.00%	25.00%	25.52%
地方政府支出占全部财政支出的比重	24.63%	24.60%	24.59%
地方政府收入占全部财政收入的比重	20.00%	20.39%	21.37%
州和地方财政收入占州和地方政府财政支出的比重	77.14%	76.24%	78.61%
州和地方税收收入占州和地方财政支出的比重	48.57%	51.26%	48.13%

注：数据来自 https://www.usgovernmentspending.com/。

美国州和地方政府财政支出的 50% 左右由地方税收收入满足，26% 左右由收费和其他收入满足，15% 左右由联邦政府的转移支付满足，9% 左右由债务收入满足。其中，州和地方财政支出中，一般公共服务、教育、医疗保健、

---

① 数据来源：根据 https://www.oecd-ilibrary.org/taxation/data/revenue-statistics/france _ data - 0023 6 - en? parent = http%3A%2F%2Finstance.metastore.ingenta.com%2Fcontent%2Fcollection%2Ftax-data-en 数据计算而得。

治安等基本支出占比为 54.63%[①]，因此，美国州和地方政府的税收收入能满足其区域性公共管理和区域性科教文卫支出的需要。

日本中央、都道府县、市町村三级政府的税收收入比重约为 60∶17∶23，财政支出的比重约为 40∶28∶32。中央政府的财政收入占比高于其财政支出的占比，都道府县和市町村财政收入的占比均低于其财政支出的占比。因此，中央政府通过多种形式的转移支付来为地方履行支出责任补充财力。日本中央总支出中约有 1/3 的支出是通过地方交付税、地方让与税、国库补助金等形式对地方的转移支付。日本地方财政收入中，税收收入约占 50%，国库补助金约占 12%，地方交付税约占 19%，债务收入约占 11%，其他收入约占 8%。地方税收收入占地方财政支出的 49%左右[②]，日本地方政府财力与其支出责任基本匹配，地方税收收入能基本满足地方基本公共支出的需求。

英国的事权与支出责任和税权均高度集中在中央。中央政府承担 78%左右的支出责任，地方政府承担 22%左右。中央财政收入占全部财政收入的 93%左右，地方财政收入仅占 7%左右。英国地方政府的财政收入主要包括中央对地方的转移支付、财产税、商业和其他收入。其中，中央对地方的转移支付占地方财政收入的 60%左右，财产税占 18%左右，商业和其他收入（主要包括利息收入、资本收益、收费、市政租金、其他调整收入等）占 22%左右。[③] 英国虽然中央集中了绝大部分的财政收入，但由于地方政府的支出责任也较小，其地方财力与支出责任是基本匹配的。

德国《基本法》第 109 条规定，联邦与各邦在财务管理方面应自给自足，互不依赖。德国的财政实践也遵循了这一原则，各级政府的收入与其承担的支出责任基本一致。德国联邦政府财政收入约占全部财政收入的 50%，州政府约 37%，地方政府约 13%。联邦政府财政支出约占全部财政支出的 45%，州政府约 39%，地方政府约 16%。各级政府财政收入中，税收收入占比约为 82%。地方税收收入约占地方财政支出的 46%。[④] 可见，德国各层级政府的财政收支格局为：联邦政府的收入略高于其支出，州政府和地方政府的收入略低于其支出。为弥补州和地方政府收入的不足，联邦政府建立了相应的转移支付

---

① 数据来源：https://www.usgovernmentspending.com/classic。

② 数据来源：根据日本总务省统计局网站 http://www.stat.go.jp/english/data/kakei/156.html 的数据计算整理而得。

③ 数据来源：根据 https://www.ukpublicrevenue.co.uk/numbers 数据计算整理而得。

④ 数据来源：https://www.ceicdata.com/zh-hans/germany/central-state-local-government-revenue-and-e xpenditure?page=2。

制度，包括纵向转移支付和横向转移支付，以保证各个州为公民提供水平基本相同的公共服务。总体上，德国各层级政府财力与支出责任基本匹配。

第五节　国际经验对中国地方税体系优化的启示

由于自然环境、经济状况和历史背景的差异，各个国家地方税税权、规模、结构都有一定的差异。但是经过多年的财政实践，各国地方税体系也有许多共同之处。成熟市场经济国家的地方税体系值得中国借鉴的方面如下：

第一，以宪法和法律明确各地方政府的税收管理权。成熟市场经济国家都以宪法和其他法律的形式规定各层级政府的课税权。如美国《宪法》规定：对于任何一州输入的货物，不得征收直接税或间接税；任何一州，未经国会同意，不得征收任何船舶吨位税。《联邦德国基本法》第十章规定：联邦享有对关税和国家垄断经营的专属立法权；地方消费税和奢侈物品税与联邦法律规定不属同类的，各州享有立法权。另外，该法还规定了属于联邦所有的赋税、属于各州的赋税以及联邦和地方共享的税收。日本《宪法》第七章规定：新课租税，或变更现行租税，必须有法律规定为依据。其以法律的形式明确规定各层级政府的税收权限，避免各方在执行过程中讨价还价增加交易成本，也避免幕后交易和不全面执行等预算软约束问题，减少了各方利用公共权利进行寻租的空间，防止财政资源配置的低效率和不公平。

第二，地方政府拥有一定的税收自主权。除了美国，其他绝大部分国家税收立法权均高度集中在中央，同时也赋予地方一定程度的税收自主权，地方税收自主权行使的前提是不违反上位法的规定。大多数国家地方均有制定地方税收条例的权利、在统一法律规定范围内调整税率和减免税的权利、开征停征地方专享小税种的权利。各国中央（联邦）在赋予地方一定的税收自主权时，均保留了中央（联邦）的否决权。除此之外，大多数国家地方税收自主权仅限于次级政府，基层政府则几乎没有税收自主权。基于我国区域差异较大的事实，我国可以借鉴部分国家的做法，适当地增加部分地方的税收自主权。如烟叶税的税收收入在许多地区常年为零，但该税种在云南、贵州等省又具有重要意义，可适当下放这类税种的开征停征税权。房产税需根据评估值作为计税依据征税，各地区房产的价值差异较大，可将税率选择权适当下放。

第三，共享税税种通常为税收收入规模大、税基流动性强的税种，共享税收入是次级政府的重要收入来源。绝大部分国家的个人所得税、企业所得税、增值税和消费税为中央和地方共享的税种，这几种税是大部分国家税收收入规

模最大的税种。其中，所得税收入通常中央占比较大，销售类税种的收入地方占比较大或全部归地方所有。许多国家省（州、都道府县、地区）级税收收入较大程度依赖共享税收入，如加拿大、澳大利亚等国，共享税收入可供州级支配部分占全部州税收收入的 60% 左右，美国和德国该占比甚至达到 90%。我国的消费税是典型的销售类税种，可根据实际需要将其作为中央和地方共享税，且其收入由地方支配较多，或在适当的情况下将其确定为省专享或省及以下层级政府共享的税种。在目前我国个人所得税和财产税规模还不足的情况下，短期可将共享税作为省级政府的主要收入来源。

第四，基层政府税收收入主要来自地方专享税，地方专享税以财产税为主体税种，除财产税外的其他地方专享税税种设置比较灵活。绝大部分国家基层政府税收收入主要来自财产税。如美国地方不动产税收入占地方税收收入的 70% 左右，法国财产税占地方税收收入的 51% 左右，英国的地方税收收入则几乎全部来自不动产税。除了财产税以外，各国均根据特定发展阶段的调节目的设定了类别多样的地方专享税种。如法国地方的能源产品税和水资源税，德国和俄罗斯的赌博税，以及许多国家的娱乐税。短期内，中国的财产税收入规模还不足以成为基层政府的主体税种。因此，近期中国可行的选择是以共享税为导向优化地方税体系，但远期应将财产税培育为基层政府的重要税种，并结合中国区域差异大的特征，根据各地区资源禀赋和产业优势分别设置其他重要税种。同时，在现有的税收体系的基础上，可将部分发展潜力大的地方税种，根据其特性改造成地方的重要税种。

第五，各级政府的可支配财力与支出责任基本匹配。大多数成熟市场经济国家各级政府的可支配收入能基本满足其支出责任。如美国联邦和州政府财政收入的占比略高于支出占比，地方政府的收入占比略低于支出占比；日本和德国中央政府收入占比略高于其支出占比，地方政府的收入占比略低于支出占比。英国支出责任和税权均高度集中在中央，但中央的收入占比仍高于其支出占比。总体来说，地方自主财力与支出责任匹配度较高的国家，其地方税收收入基本上占全部地方财政支出的 45%~50%。但不论各国各层级政府税收收入和支出责任的对比关系如何，最终的可支配财力均能保证其履行相应的支出责任，这其中一般转移支付扮演了非常重要的角色。因此，中国地方税体系的优化不是地方税自导自演的独角戏，而是需要转移支付制度、非税收入制度协调配合的一个系统性工程。

第六章　中国地方税体系的优化

第一节　目标与原则

一、目标

为地方政府履行其支出责任从而实现地方治理目标筹集财政收入，是优化地方税体系的目标。成熟市场经济国家各级地方政府通常均有自己的主体税种和辅助税种，构成本级政府相对独立和完善的地方税体系，从而为地方财政支出和公共治理提供最基本的和最稳定的财力保障。根据第二章的测算，我国调整后政府间事权与支出责任成"葫芦型"结构，具体为中央：省级：市县级≈34.0：6.6：59.4。第四章的分析结果显示，我国地方财力区域差异较大，中央为进行宏观调控和平衡区域差异需要集中相对较多的收入。而且，第二章对事权和支出责任重新划分的结果是部分事权和支出责任由地方上划到中央，从而中央的事权与支出责任在现有的基础上有所增加。因此，优化地方税体系需对现有的税收结构进行调整，在兼顾中央和地方利益的前提下，使地方税收收入与其支出责任基本匹配。

二、原则

在确定税收结构时，大多国家按照税种的经济属性来划分各级政府的税种。一般来说，税基流动性强、涉及宏观调控和收入公平分配的税种划归中央或较上层级的地方政府。税基流动性弱、涉税信息相对复杂的税种划归基层地方政府。按照该原则，大部分国家将所得税作为中央和次级政府共享的税种，且中央分享更多的收入；将销售税作为中央和地方共享的税种，且地方分享更多的收入；财产税则作为基层政府主体税种。我国目前中央和地方税种的划分基本上也按此模式进行，即税基流动性强的增值税和企业所得税、涉及收入公

平分配的个人所得税为中央和地方共享税，税基流动性弱的房产税为地方专享税。近期，中央和地方之间税种的划分原则依然应按照税种的经济属性来进行。只是随着经济的发展和税收征管技术的提高，原来涉税信息复杂的税种也可能变得不复杂；税基流动性强的税种通过征收环节的调整也可减少其负面影响；某些流动性强的税源在我国由于制度约束可能其流动性较其他国家弱。因此，具体到现阶段我国中央和地方之间税种的划分，以及地方税在省级和市县级之间的划分，可能有别于其他国家。

采取按税种的经济属性划分政府间税收可能有较多税种税基流动性都较强，从而适合划归地方的税种有限。为弥补地方收支缺口，各国大都采取如下两种措施：一是共享税，二是转移支付。

共享税（尤其是比例分成法的共享税）对地方政府行为的影响有收入效应和替代效应。收入效应在这里是指，为了满足既定支出所需要的收入，地方政府会更加努力地促进地方经济的发展，培植共享税源，以在分享特定比例收入的前提下，实现既定的收入目标。替代效应在这里是指，当地方政府发现，其培植共享税所增加的收入与其所付出的努力不匹配时，可能转而培植地方专享税的税源。而在某些情况下，这两种努力是冲突的。刘怡、刘维刚（2015）研究了税收分享对地方征税努力的影响，发现共享税收分享每提高 1%，地方征税努力降低 0.198%。[①] 共享税是收入效应大于替代效应，还是替代效应大于收入效应，结果是不确定的。因此，大多数国家的地方税体系均由主体税种、辅助税种和共享税种共同组成，只是共享模式、共享税地方分享比例各国各有不同。

转移支付是各级政府之间为解决财政失衡而通过一定的形式和途径转移财政资金的活动，是财政资金的单方面无偿转移。我国转移支付主要包括税收返还、专项转移支付和均衡性转移支付。其中税收返还是 1994 年分税制改革时为保持地方既得利益格局，而由中央对地方按照特定公式对地方进行的返还。地方税收收入越多，接受的税收返还越多。专项转移支付是上级政府为实现特定的宏观政策目标，或者委托下级政府代理部分事务而对下级政府设立的专项补助资金。因此，税收返还和专项转移支付都有拉大地区间财力差距的效应。均衡性转移支付是为弥补财政实力薄弱地区的财力缺口，均衡地区间财力差距，实现地区间公共服务能力均等化，由中央财政安排给地方财政的补助支

---

① 刘怡、刘维刚：《税收分享对地方征税努力的影响——基于全国县级面板数据的研究》，《财政研究》，2015 年第 3 期，第 30～36 页。

出，由地方统筹安排。我国均衡性转移支付的基本公式为：某地区均衡性转移支付＝（该地区标准财政支出－该地区标准财政收入）×该地区转移支付系数＋增幅控制调整＋奖励资金＋农业转移人口市民化奖补资金。其中转移支付系数按照均衡性转移支付总额、各地区标准财政收支差额以及地区的财政困难程度等因素确定。困难程度系数根据地方"保工资、保运转、保民生"支出占标准财政收入比重及缺口计算。以该计算公式确定的均衡性转移支付可能会对地方政府的税收努力带来负激励。比如，地方政府可以通过降低税收努力程度，减少该地区的标准财政收入，扩大收支缺口，争取更多的转移支付。地方政府也可以通过增加非民生支出、减少民生支出来增加财政困难程度，提高转移支付系数，从而获取更多的转移支付。"粘蝇纸效应"也指出，中央政府的拨付会粘在它所到达的地方部门，增加该地方政府的支出。许多学者都对转移支付的效率损失进行了研究。Oates W. E.（1994）[1]，Borck、Owings（2003）[2] 验证了财政转移支付的效率要低于地方政府自身的税收。付文林、赵永辉（2016）运用我国 1999—2011 年间分地区的面板数据，考察了转移支付对地方政府税收行为的影响，结果发现：转移支付总体上会抑制地方征税的积极性，地方征税行为选择存在显著的策略替代特征。[3] 陈琦（2010）以上海为例，分析了转移支付与地方税收努力之间的关系，也得出了类似的结论。[4]

　　综上所述，我们应按照税种的经济属性来确定地方税的税种，使地方专享税收入与共享税收入和转移支付收入相互协调、功能互补，共同组成地方的财政收入，为地方履行其支出责任提供充足的财力。

第二节　总体思路

　　根据第二章我们对调整后事权与支出责任的测算，地方事权与支出责任占全部政府事权与支出责任的 66％左右，而地方区域性国家管理支出和区域性科教文卫支出约占地方全部财政支出的 50％。如果以 2017—2019 年的数据来测算，则这三年地方税规模分别达到 67018.21 亿元、72898.36 亿元和

① Oates W. E.："Federalism and Government Finance"，Harvard University Press，1994：126−164.

② Borck R.，Owings S.："The Political Economy of Intergovernmental Grants"，Regional Science and Urban Economics，2003，33（2）：139−156.

③ 付文林、赵永辉：《财政转移支付与地方征税行为》，《财政研究》，2016 年第 6 期，第 16～27 页。

④ 陈琦：《转移支付与地方税收激励政策研究》，《经济论坛》，2010 年第 10 期，第 22～25 页。

78823.26 亿元就能满足地方基本公共支出的需求，而这三年地方税实际规模分别为 68672.72 亿元、75954.79 亿元和 76980.13 亿元，均能基本满足调整后地方事权与支出责任对地方税收收入的需求。另外，我们在第三章计算出的合理的地方税规模应占 GDP 的 10.62％，如果以 2017—2019 年数据为例，则合理的地方税收收入规模应分别为：87164.11 亿元、95612.87 亿元和 10522.93 亿元，三年的实际规模均低于合理规模。该占比是地方税收收入规模的上限，超过该规模，过重的地方税税负可能会侵蚀税基，进入拉弗曲线的税收禁区。可见，我国目前地方税收收入规模处在满足事权与支出责任调整后地方基本支出需求左右，宏观税负规模上限之下，处在合理规模的区间内。因此，我们在优化地方税体系，确定地方税收收入总体规模时，以弥补"营改增"地方减少的营业税收入规模为标准进行调整即可。

现阶段，优化地方税体系的关键在于调整地方税收收入的结构。结构调整的要点主要包括：①与事权和支出责任的调整结果相匹配，增加市县级政府的税收收入规模；②充分考虑区域差异，根据不同地区税源的特点因地制宜地确定地方税收收入结构；③各层级地方政府税种的选择符合地方治理目标。

要满足上述要点，可以依托地方专享税种，也可以依托中央与地方共享税。国际上，有完全无共享税的英国，也有中央和地方财力均主要依赖共享税的德国。一国税收体系是以专享税为主，还是以共享税为主，没有绝对的优劣之分，关键看某一模式是否适应特定国家特定阶段的社会经济实际。因此，我国地方税体系的优化有两种路径可以选择：共享税导向和专享税导向。

本部分在讨论以共享税为导向和以专享税为导向优化地方税体系时，不以现有的共享税和专享税为基础，而是根据税种属性和税收收入规模重新界定专享税和共享税。其中，共享税税种需要收入规模和增长潜力均足够大。现行税收体系中，增值税和企业所得税的收入占税收总收入的比重最高，增值税收入占税收总收入的 40％左右，企业所得税占 22％左右。因此，从保证中央财力和协调中央、地方利益的角度出发，增值税和企业所得税应确定为中央和地方共享的税种。除了增值税和企业所得税，接下来税收收入规模从高到低的排序依次为：个人所得税、消费税、契税、土地增值税、城市维护建设税、车辆购置税、房产税、城镇土地使用税、印花税、资源税、耕地占用税、车船税、环境保护税和烟叶税。这些税种中，只有消费税和个人所得税收入规模超过 1 万亿元（2018 年数据），其余税种要么税基流动性弱，要么规模过小。因此，我们重新界定专享税和共享税时，可将重点放在消费税和个人所得税这两个税种上。

以专享税为导向优化地方税体系，需要作为地方专享的主体税种的收入达到一定的规模。"营改增"前，营业税为地方的主体税种，其收入规模占地方税收收入的 30％以上，在现有的税收体系中，除了增值税和企业所得税外，其他税种的收入规模占地方税收收入的比重均在 20％以下。我国是一个区域差异较大的大国，中央需要集中足够的财力进行宏观调控和平衡区域间差异，且增值税和企业所得税均为税基流动性强的税种，增值税和企业所得税应作为共享税。短期内，无法找到一个税种，其规模大到足够做地方主体税种，加上消费税、房产税等税种的具体改革措施还不明朗，因此，近期只能以共享税为导向优化地方税体系。但是，地方专享税对地方政府的正向激励效应大于共享税和转移支付，地方政府也需要有稳定和可预期的收入来源，以满足其基本支出需要。远期来看，随着个人所得税、消费税、房产税等税种的改革和调整，可以通过培植这些税种的税源，来增加地方税的收入规模。从而，远期可以专享税为导向优化地方税体系。

综上，中国地方税体系优化的总体思路为：近期，以共享税为导向优化地方税体系；远期，以专享税为导向优化地方税体系，使地方税收收入的规模达到能满足事权与支出责任调整后地方基本公共支出需求。

第三节　共享税导向

共享税导向是指优化地方税体系时，以共享税收入作为地方财力的主要来源，专享税收入作为补充。在这种模式下，共享模式的选择、共享税种的选择以及共享税地方分享比例的确定就比较关键。

一、共享模式的选择

常见的共享税分享模式包括：比例分成，同源课税、分率计征，划分税目。这三种模式各有其优缺点。比例分成模式的特点表现为：税收收入由某一税务机关统一征收，然后按照比例分成，可以节约税收征管的行政成本，而且也可以避免重复征税，但会增加分成比例确定过程中的行政成本。同源课税、分率计征模式的特点表现为：各地区独立性较高，各自按照本地区的经济发展情况和居民收入状况确定相应的税率；各级政府对同一税源同时采用不同税率征税，需要相应层级的政府加以协调，否则容易导致重复征税，从而该种模式的税制设计也相对复杂。划分税目的方式可以结合不同税目的属性和税收征管成本的高低，将同一征税对象的不同税目分别归属于不同层级的政府，税收的

灵活性较高，但与前两种模式相比，没有将中央和地方的利益联系在一起。

这三种模式不存在一种模式绝对优于另外一种模式，只是某一种模式更适合特定国家的特定情况，或者适合于特定的税种。我国共享税主要采取比例分成的办法，美国、日本等国主要采取多级政府同源课税的制度，俄罗斯则采取的是混合模式。出于税制设计难度和成本的考虑，发展中国家很少采用同源课税、分率计征的模式。我国现阶段宜采取比例分成和划分税目的办法。

二、共享税税种的选择

中央与地方共享税是连接中央和地方利益的纽带，需要兼顾地方利益和全局利益，满足如下几个特征：税收收入总规模大，税基流动性强，征管成本低，对地方政府行为主要是正向激励。以下分别就每个特征分析适合做共享税的税种（具体内容见表6-1）。

表6-1　共享税税种选择的分析

排序规则	排序前五的税种
依收入规模排序	增值税、企业所得税、消费税、个人所得税、土地增值税
依税基流动性排序	增值税、消费税、城市维护建设税、企业所得税、个人所得税
依征管成本排序	增值税、消费税、资源税、车辆购置税、城市维护建设税
依激励效应排序	个人所得税、资源税、企业所得税、消费税、增值税

注：排序所依据的数据根据2010—2020年《中国税务年鉴》的数据计算得来。

第一，税收收入总规模大。共享税导向下，地方财力主要依赖共享税，则相应地，共享税的收入规模只有足够大，才能够保证其按照一定比例对总收入划分后仍然能作为地方的主要财力来源。以2019年数据为例，全部税种中，收入排前五位的分别为增值税、企业所得税、消费税、个人所得税和土地增值税，分别占全部税收收入的比重为39.46%、23.61%、7.95%、6.57%、4.09%。[1] 其中前四种税收入规模均达到万亿元以上，而土地增值税只有6465.14亿元，作为共享税其规模可能偏小。前四种税中，增值税、企业所得税和个人所得税本身是中央与地方共享的税种，只有消费税是中央专享税。因此，共享税导向下，可以将消费税改造成中央与地方共享税，以弥补地方财力的不足。

---

① 数据来源：根据《中国税务年鉴（2020）》数据计算而得。

第二，税基流动性强。税基流动性弱的税，其税源培植的主体是特定的地方政府，如果将这类税种划分为共享税，则地方政府没有足够的激励培植税源，因为税源培植的成本主要由本地区承担，而税源培植的收益是全国性的。因此可以作为共享税的税种主要包括增值税、消费税、企业所得税、个人所得税、城市维护建设税和印花税。

第三，征管成本低。中央与地方共享税收入规模大，涉及的利益主体多，就要求共享税的涉税信息相对简单，或者涉税信息标准化。由于发票管理制度的成熟，在我国所有税种中，流转环节的相关税种涉税信息标准化程度较高。涉税信息标准化的税种主要包括增值税、消费税、城市维护建设税、资源税、车辆购置税等。如果企业财务制度健全，则企业所得税的涉税信息也不复杂。但我国企业所得税涉及诸多扣除项目，且许多中小企业财务制度不健全，因此，我国企业所得税的征管成本相对较高。个人所得税是所有税种中涉税信息最复杂的税种，不仅涉及的纳税主体规模庞大，税目众多，涉税信息也细致而复杂，个人所得税的征管成本较高。房产税也属于涉税信息微观而复杂的税种，征税成本相对较高。在目前的税收征管技术条件下，征税成本相对较低的税种主要包括增值税、消费税、城市维护建设税、资源税和车辆购置税。

第四，对地方政府行为的正向激励大于负向激励。作为共享税种，如果对地方政府培植税源没有正向激励，则税收流失比例将会比较高。因此，那些税收收入与地方经济发展具有高度正相关关系的税种作为共享税就是合理的。但是在我国所有税种中，最近几年与房地产交易和持有相关的税种与地方经济发展正相关程度最高，其中土地增值税的税收弹性达到 2.28。[①] 除去这类税种（这类税种税基不可流动），其他几种收入规模较大的税种税收弹性从高到低的排序依次为个人所得税、资源税、企业所得税、消费税、增值税。

由表 6-1 可知，综合考虑所有税种的特性，适合作为中央与地方共享税的税种主要包括增值税、企业所得税、个人所得税和消费税。

三、共享税地方分享比例的确定

要确定共享税中地方的分享比例，首先要确定共享税的目标和功能。我国 2002 年所得税分享改革的目标主要是增强中央财力，"营改增"后增值税分享比例的变化也是为了补充地方财力的不足。可见，过去我国共享税的主要功能是调节各级政府财政收入的余缺。共享税作为税收征管模式的一种，不能仅仅

---

① 数据来源：根据 2014—2020 年《中国税务年鉴》的数据计算而得。

停留在为各级财政收入"救急"上，而应充分发挥其优势。共享税的主要优势
表现为：第一，通过税收共享，将中央的利益和地方的利益联系在一起，引导
地方政府选择符合中央总体目标的行为；第二，适当的分享比例可以激励地方
政府的税收努力水平。理论上，地方获得的共享税比例越高，其税收努力程度
越高，但其努力水平以递减的速度上升。因此，地方税分享比例的确定不仅要
考虑中央与地方的财力缺口，还应考虑对地方税收努力的激励。第三，共享税
灵活性强。共享税可以在不对税制体系进行大规模变革的前提下，根据中央与
地方事权和支出责任的变化来调整它们各自分享的比例，以保证各级政府财力
与其支出责任匹配。

（一）以地方财力与支出责任匹配为目的确定共享税的地方分享比例

根据前述分析，我国现有的地方税收收入规模能满足事权与支出责任调整
后地方基本公共支出需求。那么，我们通过调整共享税地方分享比例，弥补
"营改增"导致的地方财力减少的部分，就能实现地方财力与支出责任匹配的
目的。具体情况见表6-2。

表6-2　以地方财力与支出责任匹配为目的确定共享税地方分享比例

类型	2011	2012	2013	2014	2015
营业税收入（亿元）	13679.87	15751.22	17238.54	17778.92	19314.59
增值税收入（亿元）	37210.03	40448.22	42174.86	44581.49	43092.11
营业税收入/增值税收入	36.76%	38.94%	40.87%	39.88%	44.82%
营业税收入/（营业税收入＋增值税收入）	26.88%	28.03%	29.01%	28.51%	30.95%
企业所得税收入（亿元）	19602.80	22007.86	23879.59	26441.81	27711.72
营业税收入/企业所得税	69.79%	71.57%	72.19%	67.24%	69.70%
消费税收入（亿元）	7936.94	8876.88	9095.31	9816.24	11389.99
个人所得税收入（亿元）	6054.08	5820.32	6531.53	7376.59	8617.26

注：数据来源于2012—2016年《中国税务年鉴》。

由表6-2可以看出，各年营业税收入占增值税收入的比重在35%～45%
之间，营业税收入占营业税和增值税收入之和的比重在26%～31%之间。全
面"营改增"后，原缴纳营业税的企业转为缴纳增值税，考虑"营改增"的减
税效果，则增值税地方分享比例达到30%即可弥补地方财力减少的部分。
2011—2015年间，营业税收入约为企业所得税收入的70%，如果"营改增"

地方减少的营业税收入部分全部通过增加企业所得税地方分享比重的方式解决，则企业所得税中央与地方的合理分享比例约为 30∶70。消费税收入和个人所得税收入规模均少于营业税收入规模，这两种税收入的总和约等于营业税收入。因此，除非将这两种税同时全部归属地方政府，否则通过调整这两种税的分享比例无法解决地方财力的缺口。

（二）以协调中央和地方利益为目的确定共享税的地方分享比例

理论上，地方分享的共享税比例提高会增加地方政府培植税源的努力程度。因为不论是中央税、地方税还是中央与地方共享税，除了进口环节的税，其余税种税源培植的主体均为地方政府，税源培植的成本也主要由地方政府承担。因此，共享税地方分享的比例越高，地方政府培植税源的努力和收益越对称，地方培植税源的积极性越高。刘怡、刘维刚（2015）以 2001 年所得税分享改革作为"自然实验"，检验了所得税地方分享比例的变化对地方税收努力的影响。2002 年，中央与地方所得税的分享比例为 50∶50，2003 年该比例调整为 60∶40。研究结果表明，共享税地方分享比例的下降对地方征税努力具有显著负向效应。[①] 因此，若以地方利益为重，则只要保证因提高地方分享比例带来的对地方税收努力的正向激励大于对征税努力的抑制，地方分享的比例越高越好。但是，我国是一个区域经济发展极不平衡的国家，中央需要集中更多的财力用以平衡区域差异。而且，按照划分事权与支出责任的三原则对现有中央和地方之间事权与支出责任进行调整后，中央的事权与支出责任上升了。那么，以协调中央和地方利益为目的确定共享税地方分享比例时，要考虑适当提高中央现有总财力。另外，我国个人所得税的税基比企业所得税税基流动性相对较弱，借鉴国际上其他国家的做法，企业所得税分享比例可向中央倾斜，个人所得税分享比例向地方倾斜。消费税则根据目前的征管水平，以划分税目的办法在中央和地方之间分享。便于在消费环节征收的消费税税目，其收入归属地方，其余税目的收入归中央。增值税的分享比例则根据中央和地方收入规模的增减进行调节。

四、共享税导向下中国地方税体系的优化

综上所述，共享税导向下中国地方税体系的优化主要考虑两个问题：弥补"营改增"带来的地方财力缺口，根据共享税税种的性质确定中央与地方的分

---

① 刘怡、刘维刚：《税收分享对地方征税努力的影响——基于全国县级面板数据的研究》，《财政研究》，2015 年第 3 期，第 30～36 页。

享比例。除此之外，我们还需要考虑各税种的成长性和我国的税收收入结构。近几年来，所得税的增速明显高于流转税。其中，增值税的平均增速约为4.9%，2018年的同比增长速度为9.1%；消费税的平均增速为2.5%，2018年同比增长速度为4%；企业所得税的平均增速为9.5%，2018年同比增长速度为10%；个人所得税的平均增速为16.26%，2018年同比增长速度为15.9%。另外，"营改增"前，增值税和营业税两税收入之和占全部税收收入的45%左右；"营改增"后，增值税收入占全部税收收入的比重接近40%。[①]因此，不论什么样的分享方案，增值税的分享比例对地方财政收入都至关重要。综合考虑中央和地方的利益，可选择的方案有以下几种（见表6-3）[②]。

表6-3　共享税导向下中国地方税体系的优化

方案	主要思路	内容	优点	缺点
一	以增值税分享比例兜底，改革消费税，增加个人所得税地方分享比例，减少企业所得税地方分享比例	企业所得税地方分享比例：30% 个人所得税地方分享比例：70% 消费税地方分享比例：45% 增值税地方分享比例：25%	地方财力的成长性好，较好地兼顾了中央和地方的利益	操作相对复杂
二	仅对消费税进行改革，同时调整增值税地方分享比例	企业所得税地方分享比例：40% 个人所得税地方分享比例：40% 消费税地方分享比例：45% 增值税地方分享比例：40%	操作简单	地方财力成长性不好
三	以企业所得税分享比例变化为主，消费税改革为辅	企业所得税地方分享比例：55% 个人所得税地方分享比例：40% 消费税地方分享比例：45% 增值税地方分享比例：25%	操作简单	可能有损中央的利益，可能引起地方之间恶性税收竞争
四	保持现有模式	企业所得税地方分享比例：40% 个人所得税地方分享比例：40% 增值税地方分享比例：50%	无改革成本	地方财力弹性不足，未能很好地兼顾中央的利益

方案一：以增值税分享比例兜底，按划分税目的模式将消费税调整为中央与地方共享税，提高个人所得税地方分享比例，降低企业所得税地方分享比

---

① 数据来源：根据2014—2019年《中国统计年鉴》的数据计算而得。

② 2019年，个人所得税收入因改革下降较多，而个人所得税是各方案的重要组成部分，为保证数据的一致性和稳定性，四个方案中地方税收收入占经事权与支出责任调整后地方财政支出的比重均为2016—2018年三年的平均数。数据根据2017—2019年《中国统计年鉴》的数据计算而得。

例。首先，将消费税改为中央与地方共享税。将其中成品油、小汽车、摩托车、游艇、贵重首饰及珠宝玉石、鞭炮焰火等易于在零售环节征收的税目改在零售环节征收，收入归地方政府①，以2016年、2017年、2018年三年的数据计算，这些税目的收入约为占全部消费税收入的45%，则消费税中央分享比例为55%。个人所得税收入中央分享30%，地方分享70%；企业所得税中央分享70%，地方分享30%。增值税地方分享比例还原为改革前的25%。以此为基础，整个地方增加的共享税收入规模可基本弥补营业税收入减少的部分。经过这样调整，地方税收收入占事权与支出责任调整后地方财政支出的45.65%，占全部税收收入的42.05%，与美国、日本等国的财力格局接近。该方案的优点是：个人所得税的成长潜力大，且其税基流动性比企业所得税、增值税和消费税税基的流动性弱，地方分享比例增加有利于地方财力的稳定增长，也更符合地方治理目标；企业所得税和增值税中央分享比例较多，较好地兼顾了中央的利益。缺点是：涉及改革的税种较多，操作相对复杂。

方案二：仅对消费税进行改革，同时调整增值税地方分享比例。该方案个人所得税和企业所得税分享比例不变。消费税中央与地方的分享比例为55：45，则增值税中央与地方的分享比例为60：40。调整后，地方税收收入占经事权与支出责任调整后地方财政支出的50.84%，占全部税收收入的47.16%。该方案的优缺点与方案一的刚好相反。优点是：操作简单，主要对消费税进行改革。缺点是：地方分享比例增加的税种均为流转税，地方财力的成长性不如方案一。

方案三：以企业所得税分享比例变化为主，消费税改革为辅。消费税中央与地方的分享比例为55：45，则企业所得税收入中央与地方分享比例为45：55，二者结合能弥补营业税减少的部分。在此方案下，增值税还原为原来的分享比例，即中央与地方分享比例为75：25。调整后，地方税收收入占经事权与支出责任调整后地方财政支出的50.10%，占全部税收收入的46.56%。该方案的优点同方案二，即操作简单。缺点是：将增长潜力较大的企业所得税的财力向地方倾斜，可能有损中央的利益；企业所得税税基流动性强，地方分享较大的比例可能会引起地方之间恶性税收竞争。

方案四：保持现有模式，即增值税中央与地方分享比例为50：50，其余税种不变。该方案下，地方税收收入占经事权与支出责任调整后地方财政支出

---

① 张学诞：《消费税改革研究：基于共享税的考虑》，《财政科学》，2017年第12期，第66～89页。

的 52.34％，占全部税收收入的 48.59％。该方案的优点为：无改革成本。缺点为：增值税增长潜力下降，地方财力弹性不足。

经上述几个方案调整后中央和地方的财力对比关系基本上为：中央占 55％左右，地方占 45％左右，即中央集中相对较多的收入，且大部分共享税中央分享比例稍多，地方分享比例相对较少。具体依各方案调整后中央和地方的财力对比关系（以 2016 年、2017 年、2018 年三年的平均数为例）见表 6-4。

表 6-4 共享税导向下中央与地方的财力对比关系

方案	地方税收收入占比	中央税收收入占比	地方税收收入占调整后地方支出责任的比重
一	42.05％	57.95％	45.65％
二	47.16％	52.84％	50.84％
三	46.56％	53.44％	50.10％
四	48.59％	51.41％	52.34％

注：数据根据 2017—2019 年《中国统计年鉴》的数据计算而得。

中央税收收入占全部税收收入的比重达到多少为宜，国际上并无统一的标准。但基于如下事实，将我国中央税收收入占比提高到 60％或者接近 60％可能是合意的：第一，分税制推出时的目标值是中央集中全部收入的 60％。第二，国际上，大多数国家中央集中全部税收收入的 60％以上。典型的单一制国家的法国和日本中央税收收入占全部税收收入的比重分别为 71.78％和 60.43％，联邦制国家的美国和澳大利亚的比重分别为 66.78％、80.01％，发展中国家的墨西哥、南非、俄罗斯的比重分别为 81.85％、86.51％、65.90％。[①] 第三，调节区域差异以满足基本公共服务均等化的需求和财政风险增加的现实要求中央集中更多的财政收入。白景明（2007）[②]，李一花（2013）[③]，马海涛、任强、程岚（2013）[④] 等分别对我国中央合意的财力集中

[①] 数据来源：https://www.oecd-ilibrary.org/taxation/data/oecd-tax-statistics_tax-data-en. 数据均为 2016—2018 年三年的平均值。

[②] 白景明：《客观认识我国的中央政府财权集中度》，《财贸经济》，2007 年第 8 期，第 47 页。

[③] 李一花：《财政分权中的中央集中度：评价、问题与改革》，《当代财经》，2013 年第 9 期，第 31 页。

[④] 马海涛、任强、程岚：《我国中央和地方财力分配的合意性：基于"事权"与"事责"角度的分析》，《财政研究》，2013 年第 4 期，第 6 页。

度进行了研究，结论均为：应在现有基础上提高中央财力的集中度，逐步实现中央财政收入占全部财政收入 60%的目标。

基于上述原因，本书倾向于选择第一种方案。因为第一种方案更多地兼顾了中央和地方的利益。首先，增值税是全部税种中收入规模最大的税种，该税种的收入让中央分享 75%的比例，可以较好地照顾中央的利益。其次，全部共享税中，个人所得税税基流动性相对较弱，企业所得税、增值税和消费税税基流动性相对较强，将个人所得税分享比例向地方倾斜，企业所得税、增值税和消费税分享比例向中央倾斜，有助于避免地方的"割据"行为，维护全国统一市场。再次，个人所得税的成长性较企业所得税、增值税和消费税的成长性更好，个人所得税地方分享更高的比例便于逐步将个人所得税收入培育成地方的主要收入来源，为以专享税为导向优化地方税体系奠定良好的基础。最后，全部税收收入中，中央占比接近 60%，地方占比约为 40%。地方税收收入占调整后地方事权与支出责任的 45%左右，与美、日、德等国的比例比较一致。该格局也更符合当前社会治理的要求。上述四种方案是中央和整个地方可选择的税收分享方案。

地方政府省级和市县级之间共享税的分享比例，可结合调整后事权和支出责任的划分结果，即省本级事权与支出责任比市县级事权与支出责任约为10：90，并考虑较高层级政府负有更多宏观调控和调节区域差异的职责来确定。省本级税收收入可占全部地方税收收入的 10%~20%，相应的市县级税收收入占全部地方税收收入的 80%~90%。同时，将部分税基流动性弱的专享税种的收入划归市县级地方政府。但由于各地区之间的税源分布差异较大，不同地区应因地制宜地确定本地区各税种共享税的分享比例。比如，北京市 2015 年的个人所得税收入为 1195.69 亿元，企业所得税收入为 6311.28 亿元，营业税收入为 1336.86 亿元，增值税收入为 2185.86 亿元。北京市的个人所得税收入接近其营业税收入，企业所得税收入是其增值税收入的 2.89 倍。而同年江苏省的个人所得税收入为 902.22 亿元，企业所得税收入为 2225.25 亿元，营业税收入为 2442.82 亿元，增值税收入为 4663.92 亿元，营业税收入是个人所得税收入的 2.71 倍，增值税收入是其企业所得税收入的 2.10 倍。[①] 这是同为发达地区的省（区、市）之间的差异，发达地区和落后地区之间税源差异更大。因此，地方政府的省级和市县级之间共享比例的划分无法以一个统一的标准来进行，必须因地制宜地来确定。

---

① 数据来源：《北京市财政年鉴（2016）》和《江苏省财政年鉴（2016）》。

第四节　专享税导向

以专享税为导向优化地方税体系并不是说地方税全部为专享税，而是地方有专享的主体税种，可以为地方履行事权与支出责任提供稳定和可预期的收入来源。在此种模式下，地方主体税种的选择是关键。

以专享税为导向优化地方税体系的时机是适宜做地方专享税税种的改革和调整基本完成，即在现有税制体系的基础上，个人所得税、消费税、房地产税等主要税种的改革基本完成，并且这些税种的收入规模在现有的基础上有显著增加，能为地方政府带来稳定和可预期的财政收入。此时，个人所得税收入规模超过企业所得税收入规模，成为我国税制体系中的核心税种；消费税通过扩大征收范围，使其收入规模在现有基础上有较大程度的增加；通过对居民居住用房产普遍征税，使房产税成为市县级政府的重要税种。

一、地方税主体税种的选择

地方税主体税种的选择需要与特定时期的宏观经济环境适应。我国经济进入新常态，经济增长方式由原来依靠资源、人口等要素驱动，转为创新驱动。经济结构的调整变为今后一段时间的任务。新时期对政府的行为模式也提出了新的要求，治理替代管理成为以后政府与居民之间互动的主要方式。这一变革趋势要求地方主体税种的选择要符合地方治理的要求，具体为：地方主体税种能推动创新而不是抑制创新；地方主体税种受益范围窄，有利于地方政府对本地区社会的治理。因此，地方主体税种应为税源相对稳定、在规模和性质上满足地方治理需要的税种。

（一）依据税种属性选择地方主体税种

依税种属性，地方税种应选择税基流动性相对较弱，具有调节经济职能的税种。结合地方治理的需要，地方主体税种应有利于要素的充分流动，有利于企业的创新，与地方事权与支出责任相适应，有利于企业的长期发展和人才的流入。本部分依据《中国税务年鉴（2019）》中"税务部门组织收入分税种分级次情况"所列示的税种，选取税基的流动性、与调节经济的关系、与地方政府履行事权和支出责任的关系、与人才流动和地方政府人才引进的关系、与企业创新的关系等要素进行分析。具体情况见表6-5。

表 6-5　我国税种特性分析表

税种	税基流动性	与调节经济的关系	与地方政府履行事权和支出责任的关系	与人才流动和地方政府人才引进的关系	与企业创新的关系
增值税	强	间接	间接	无	间接
消费税	强	间接	间接	间接	无
企业所得税	强	间接	间接	间接	直接
个人所得税	中	间接	间接	直接	间接
环境保护税	弱	直接	直接	间接	间接
资源税	弱	直接	直接	无	间接
城市维护建设税	中	间接	直接	间接	无
印花税	强	间接	无	无	无
房产税	弱	间接	直接	间接	无
城镇土地使用税	弱	直接	直接	无	无
土地增值税	弱	直接	直接	无	无
耕地占用税	弱	直接	直接	无	无
契税	弱	无	直接	间接	无
车船税	弱	无	间接	间接	无
车辆购置税	弱	无	间接	间接	无
烟叶税	弱	间接	间接	无	无

　　根据表 6-5 对各税种的分析，依税基流动性来看，除了增值税、消费税、企业所得税和印花税是税基流动性较强的税种外，其余税种的税基均为中等程度或低程度的流动性。其中，房产税的税基流动性最弱，对经济的敏感性也较所得税和流转税弱。Jesse E.（2004）证明了财产税的收入稳定性较强，财产税类拐点出现的时间往往滞后于经济增长拐点出现的时间。[①] 因此，财产税适合做市县级地方主体税种。在其他国家，个人所得税可能是税基流动性较强的税种。但我国有特殊的户籍制度，加上人口移动会带来社保的变动、子女受教

---

　　① Jesse E.："Institutions：Tax Structure and State-Local Fiscal Stress"，National Tax Journal，2004（1）：152.

育地点的变动、离开熟悉的生活圈等隐形的流动成本，个人所得税的税基在我国只能算中等程度的流动性。

以税种与调节经济的关系来看，与资源节约利用、环境保护等相关的税种和调节经济的关系较为直接，而流转税和所得税与调节经济的关系相对间接。具体而言，环境保护税、资源税、城镇土地使用税、耕地占用税、土地增值税等与调节经济的关系较为直接。消费税和个人所得税与政府履行调节收入公平分配职能的关系更为直接，而与调节经济的关系较间接。

依税种与地方政府履行事权和支出责任的关系看，与不动产交易和保有相关的税、与资源节约和环境保护相关的税以及城市维护建设税与地方政府履行事权和支出责任的关系较为直接。其中城市维护建设税、环境保护税、城镇土地使用税、耕地占用税和土地增值税的税收法律或税收条例均明确规定了设税的目的及与之对应的政府应履行的事权。环境保护的受益范围广，环境保护税作为省级税种更适宜；城市维护建设、土地资源的利用和保护受益范围窄，城市维护建设税、城镇土地使用税、耕地占用税和土地增值税作为市县级政府税种更适宜。

依税种与人才流动和企业创新的关系看，个人所得税和企业所得税与这两者关系较为密切。消费税如果改变征税环节，由生产环节改为消费环节，则消费税与人才流动也有间接正相关关系。

综上分析，依据税种属性来选择，适宜做省及省以下主体税种的税包括个人所得税、环境保护税、资源税、城市维护建设税、房产税、城镇土地使用税、土地增值税、耕地占用税、契税、车船税、车辆购置税和烟叶税。结合税基流动性与地方政府事权与支出责任的相关性综合考虑，省级主体税种可以选择个人所得税，市县级主体税种可以选择城市维护建设税、资源税以及与不动产产交易和保有相关的税种。

（二）依据规模合理选择地方主体税种

"营改增"前，营业税为地方主体税种。营业税收入占地方税收收入的30％左右。一种税要肩负起主体税种的责任，其规模必须达到一定比例。"营改增"后，在现行税收体系中，很难有一个独立的地方税税种的规模能达到原营业税的规模，具体见图6-1。2018年，税收收入规模排在前四位的税种分别为增值税、企业所得税、个人所得税、消费税，而前三个税种均为中央和地方共享税，消费税则为中央专享税。规模靠前的地方专享税税种为契税、土地增值税、城市维护建设税。但占比最高的契税也仅占地方税收收入的7.54%①，因此，要根据规模合理地选择地方税主体税种，需要打破现行专享税和共享税税种的范围，并结合我国的税制改革规划，对部分税种进行改造。除此之外，第四章对影响我国地方税收收入增长的因素进行分析的结果表明，消费对地方税收收入规模的影响最大，其次是个人可支配收入。据此，地方主体税种应选择以消费额或以个人所得额为税基的税种。

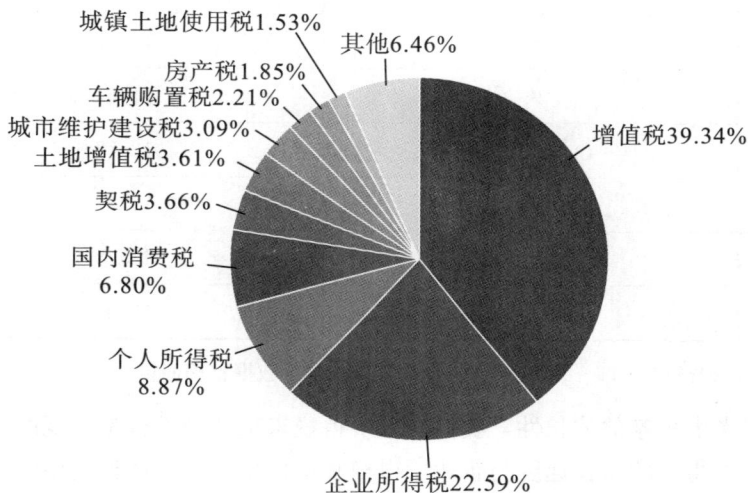

图6-1　现行各主要税种收入占比情况

数据来源：根据中华人民共和国财政部网站 http://yss. mof. gov. cn/2018czjs/index. htm 的数据整理而得。

1. 省级主体税种

（1）个人所得税。

①规模与成长性。

个人所得税最近几年平均占地方税收收入的 6.20%。② 个人所得税是中央和地方共享的税种，地方分享 40%。如果按照全部个人所得税收入占地方税收收入的比重计算，则占比将超过 15%。其中，2017 年为 15.78%，2018 年为 17.00%。具体情况见表 6-6。

---

① 数据来源：根据《中国财政年鉴（2019）》的数据计算而得。

② 2019 年个人所得税收入受改革冲击下降较多，但 2020 年上半年在几乎所有其他税种都较大幅度下降的情况下，个人所得税收入同比增长了 2.5%。因此，这里分析成长性时考虑的是 2014—2018 年的情况。但从 2020 年上半年情况也可以看出个人所得税的成长潜力较好。

表 6-6 个人所得税收入占地方税收收入的比重

年份	个人所得税地方分享部分占地方税收收入的比重	全部个人所得税收入占地方税收收入的比重
2010	5.92%	13.59%
2011	5.89%	13.53%
2012	4.92%	11.50%
2013	4.85%	11.37%
2014	4.99%	11.67%
2015	5.50%	12.72%
2016	6.24%	14.27%
2017	6.97%	15.78%
2018	7.30%	17.00%

注：数据根据 2011—2019 年《中国税务年鉴》的数据整理而得。

如果考虑税基的成长性，我国个人所得税未来的规模也是可观的。最近几年，个人所得税的增长速度与企业所得税和增值税相比，增长更稳健，速度也更快。2014—2018 年个人所得税的增长速度分别为：16.82%、17.07%、18.6%、15.90%、19.96%。2002 年以来个人所得税收入具体增长情况如图 6-2 所示。其增长趋势用指数函数形式刻画拟合得较好。如果以此为依据进行预测，则个人所得税收入到 2027 年预计将达到 54024.43 亿元，2031 年达到 97459.45 亿元。如果以同样的方式预测地方税收收入和企业所得税收入，则到 2027 年，个人所得税收入占地方税收收入的比重将超过 30%，达到 32.22%；到 2031 年，个人所得税收入规模将超过企业所得税收入规模（该年企业所得税收入预测值为 88826.94 亿元）。此时，个人所得税作为省级主体税种在规模上完全可行。

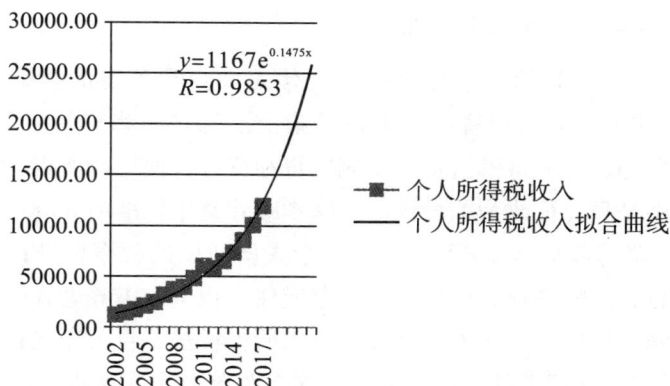

图6-2　个人所得税收入规模及预测

②改革冲击。

我国个人所得税基本减除费用标准的每次调整对个人所得税收入规模的冲击均是暂时的。比如2006年起基本减除费用标准由原来的800元/月调整到1600元/月，2006年个人所得税收入增长速度由2005年的20.60%下降到17.13%，但2007年又恢复到29.83%的增长速度。2008年3月起基本减除费用标准调整到2000元/月，2009年个人所得税收入增长速度由2008年的16.85%下降到6.1%，但2010年又恢复到22.48%的增长速度。2011年9月起基本减除费用标准调整到3500元/月，2012年个人所得税收入增长速度由2011年的25.16%下降到-3.86%，但2013年又恢复到12.22%的增长速度。2018年9月1日起基本减除费用标准调整到5000元/月，且自2019年1月1日起，增加了六项专项附加扣除，2019年个人所得税收入同比下降25.1%，但2020年上半年在新冠疫情冲击下几乎其他所有税种收入均较大幅度下降，个人所得税却同比增加2.5%（具体基本减除费用标准调整对个人所得税收入规模的冲击见表6-7）。因此，在居民收入水平增长较快、征管水平上升的条件下，个人所得税基本减除费用标准的调整对其收入规模的冲击不足为惧。

表6-7　基本减除费用标准的调整对个人所得税收入规模的冲击

年份	2004	2005	2006	2007	2008	2009	2010	2011
增长率	22.50%	20.60%	17.13%	29.83%	16.85%	6.10%	22.48%	25.16%
年份	2012	2013	2015	2016	2017	2019	2020上半年	
增长率	-3.86%	12.22%	16.82%	17.08%	18.60%	-25.1%	2.5%	

注：数据来源于2004—2020年《中国税务年鉴》和中华人民共和国财政部国库司关

于"2020 年上半年财政收支情况"的报告。

2018 年 8 月 31 日第十三届全国人民代表大会常务委员会第五次会议对《中华人民共和国个人所得税法》进行了第七次修订,修订的主要内容包括:将工资薪金所得、劳务报酬所得、稿酬所得和特许权使用费所得等项目的应纳个人所得税由分类计征改为综合计征;基本减除费用标准由 3500 元/月提高到5000 元/月;降低年收入 30 万元以下的个人所适用的税率标准;增加子女教育、继续教育、大病医疗、住房贷款利息或住房租金、赡养老人等支出的专项附加扣除。修改后的《中华人民共和国个人所得税法》自公布之日起实施,专项附加扣除从 2019 年 1 月 1 日起施行。这次改革对个人所得税收入的冲击表现为:2018 年 10 月个人所得税收入同比增长速度为 7%,增幅比 9 月回落了13.8 个百分点,11 月个人所得税收入同比下降 17.3%。两类税改因素叠加导致 2019 年个人所得税收入同比下降 25.1%。[1]

短期来看,个人所得税改革可能会带来个人所得税收入的下降,但长期来看,个人所得税改革不会对个人所得税收入规模带来较大冲击。理由如下:第一,通过上述分析可知,2019 年个人所得收入同比下降较多主要是因为两类税改叠加导致,且因为 2018 年个人所得税收入增长了 15.9%[2],2019 年同比的基数较大。第二,由表 6-7 可知,基本减除费用标准对个人所得税收入规模的影响往往期限较短。2018 年个人所得税改革中增加的几项专项附加扣除项目均有固定金额作为上限,不会随着经济的发展和居民收入的增长而上升。在居民个人收入持续增长的情况下,专项附加扣除项目对个人所得税收入规模的冲击也是短期的。第三,目前我国居民的收入中,工资性收入占比最高,约占居民全部收入的 56%左右,剩下几类收入占居民全部收入的比重从高到低分别为经营净收入、转移净收入和财产净收入。但最近几年,工资性收入占比呈下降趋势,经营性收入占比稳定,转移净收入和财产净收入占比上升较快。[3] 与之相对应的个人所得税收入分项目情况为:工资、薪金所得的个人所得税收入占全部个人所得收入的比重上升较快,经营所得的个人所得税收入占

---

① 数据来源:中华人民共和国财政部网站 http://gks. mof. gov. cn/zhengfuxinxi/tongjishuju/201907/t20190716 _ 3301309. html。
② 数据来源:中华人民共和国财政部网站 http://gks. mof. gov. cn/tongjishuju/201901/t20190123 _ 3131221. htm。
③ 数据来源:《中国统计年鉴(2019)》。

比下降较快，财产转让所得的个人所得税收入占比波动较大。① 因此，这次个人所得税改革可以一定程度解决劳务所得税负过重的问题，优化个人所得税的来源结构，但对个人所得税收入规模的长期影响有限。第四，我国个人所得税收入弹性好②，在基本减除费用标准和专项附加扣除相对稳定的情况下，居民个人收入增长带来的个人所得税收入的上升可抵消税收改革对个人所得税收入规模的负向影响。

③未来相关因素的冲击。

未来对个人所得税收入规模可能带来较大冲击的另外两个外部因素是人口的城镇化和人口的老龄化。2019 年，我国常住人口城镇化率已超过 60%。城镇化人口可能带来个人所得税收入规模的增长，尤其是工资薪金所得、劳务报酬所得和个体工商户生产经营所得。城镇化对个人所得税规模的直接冲击体现为城镇化程度的提高，会增加个人所得税的纳税人，从而带来个人所得税规模的上升。间接冲击体现为城镇化带来各产业劳动力增加，产业之间的协调度上升，从而带来经济的发展、个人收入水平上升、个人所得税规模的增加。

根据联合国经济和社会事务部 2013 年发布的《世界人口展望：2012 年修订版》相关数据的测算，我国老龄人口到 2030 年占全部人口的比重将达到 15%~17%。相应的劳动参与率预计到 2030 年下降为 74.23%。③ 我国老龄人口比重较高的省份为四川、江苏、辽宁、山东等。而其中江苏和山东是 2018 年个人所得税收入分别排第四和第六的省份。老龄人口比重的上升将直接导致个人所得税纳税群体的缩小，可能对个人所得税收入规模带来不小的负面冲击。

总的来讲，老龄化对个人所得税规模的短期冲击更大，而城镇化对个人所得税规模的长期影响更多。因此，综合考虑，城镇化带来的正向冲击将大于老龄化带来的负向冲击，二者中和的结果可能是带来个人所得税收入规模的增

---

① 崔军、张雅璇（2015）计算了我国工资性收入、财产性收入和经营性收入的增长速度、税收负担及税收弹性，发现：财产性收入税负担最高，工资性收入次之，经营性收入税收负担最轻。最近几年这三类收入的增长速度为：经营性收入最高，财产性收入次之，工资性收入最低。因此，经营性收入未来所得税增长潜力最大。这里的经营性收入是指个体工商户生产经营所得和对企事业承包和承租经营所得。

② 这里个人所得税收入弹性是指居民收入的变化引起的个人所得税收入变化程度的大小。2014—2018 年个人所得税收入弹性分别为：1.28、1.89、2.02、2.05 和 2.30。

③ 数据来源：http://esa.un.org/unpd/wpp/Excel-Data/populition.htm。联合国人口预测方案设定了四种不同的生育方案进行预测。高生育率方案为 2.31 的生育率，中方案为 1.8，保持不变的方案为 1.61，低方案为 1.31。

加，而非减少。

（2）消费税。

我国消费税为特别消费税，主要对15种税目的消费品进行征税。具体包括：烟、酒、高档化妆品、贵重首饰及珠宝玉石、鞭炮焰火、成品油、小汽车、摩托车、高尔夫球及球具、高档手表、游艇、木制一次性筷子、实木地板、电池、涂料等。现行消费税大多数税目均在生产、委托加工和进口环节征税，仅有少量税目在批发和零售环节征税，如卷烟、金银首饰等。因此，鉴于消费税税基流动性较强，又主要在生产环节征税，为避免地区间恶性税收竞争，现行消费税为中央专享税。如果将消费税改为在批发或零售环节征收，则将消费税作为省级主体税种是合理的。

从目前消费税的规模来看，2015年消费税总收入为10542.16亿元，而该年营业税收入为19162.11亿元，消费税收入占营业税收入的比重约为55.02%，占地方税收收入总额的比重为14.40%（具体见表6-8）。而"营改增"前营业税是地方税主体税种，满足的是省级、市级和县级的支出需求。按照第二章及白景明（2015）计算的数据，经事权和支出责任调整后，省级和县级支出比约为10∶90。2015年全部地方一般公共预算支出为150335.62亿元①，其10%即为15033.56亿元，该年的消费税收入占该金额的比重为70.12%。因此，消费税从规模上来说，作为省级主体税种可以满足省级基本支出的需求。

表6-8 消费税收入规模及占地方税收收入的比重

年份	消费税收入（亿元）	消费税收入占地方税收收入的比重
2010	6071.55	15.66%
2011	6936.21	14.44%
2012	7875.58	14.27%
2013	8231.32	13.25%
2014	8907.12	13.09%
2015	10542.16	14.40%
2016	10217.23	13.64%
2017	10225.09	14.89%

---

① 数据来源：《中国财政年鉴（2016）》。

年份	消费税收入（亿元）	消费税收入占地方税收收入的比重
2018	10631.75	14.00％
2019	12564.44	16.32％

注：数据由2011—2020年《中国统计年鉴》的数据计算而得。

现行消费税还存在征税范围较窄的弊端。比如，"营改增"后，原营业税征收较高税率的娱乐业，现在按照生活服务税目征收6％的增值税。还有些属于奢侈品的新型消费品和消费行为，如私人飞机、红木家具、度假村消费等，也还未纳入消费税的征税范围。如果将扩围后的消费税作为省级的主体税种，且普遍改为零售环节征税，就可以保证省级政府的基本财力，也能避免生产环节征收流转税导致地区之间恶性税收竞争的弊端。

2. 市县级主体税种

（1）城市维护建设税。

我国城市维护建设税是1984年全面工商税制改革设置的一个税种。国务院1985年发布了《中华人民共和国城市维护建设税暂行条例》（以下简称《条例》）；2020年8月通过了《城市维护建设税法》，其将于2021年9月1日起实施。城市维护建设税以纳税人实际缴纳的消费税和增值税的税额为计税依据，相应的征收管理、税收优惠等也比照"两税"的相关规定。《条例》要求，城市维护建设税应当保证用于城市的公用事业和公共设施的维护建设。

目前我国城市维护建设税收入占地方税收收入的比重在6％左右，2010—2019年占比见表6-9。

表6-9　城市维护建设税收入规模及占地方税收收入的比重

年份	城市维护建设税收入（亿元）	城市维护建设税收入占地方税收收入的比重
2010	1887.11	5.77％
2011	2779.29	6.76％
2012	3125.63	6.61％
2013	3419.90	6.35％
2014	3644.64	6.61％
2015	3886.32	6.20％
2016	4033.60	6.24％

年份	城市维护建设税收入（亿元）	城市维护建设税收入占地方税收收入的比重
2017	4362.15	6.35%
2018	4839.98	6.37%
2019	4820.57	6.26%

注：数据由 2011—2020 年《中国税务年鉴》的数据计算而得。

按照表 6-9 所示，我国城市维护建设税占比偏低，作为市县级主体税种在规模上存在不足。而且，该税种也越来越不能实现其最初设定的功能。该税在设税初期还能够满足城市公用事业和公共设施维护建设所需资金，但随着我国城市的扩张，城市维护和建设资金需求上升较快，而城市维护建设税作为"两税"的附加税，其增长速度有限，就逐渐难以满足其当初设税的目的。具体表现为：1990 年以前，城市维护建设税能完全满足城市维护建设资金支出的需求；1990—2006 年间，城市维护建设税仅能满足城市维护支出的需求，不能满足城市建设资金的需求；2007 年至今，城市维护建设税已不能满足城市维护支出的需要了。2010—2018 年城市维护建设税功能实现情况见表 6-10。

表 6-10　城市维护建设税功能实现情况

年份	城市维护建设资金支出	城市维护建设税占城市维护建设资金支出的比重
2010	5927.07	31.84%
2011	7508.08	37.02%
2012	8739.07	35.77%
2013	10198.13	33.53%
2014	10658.91	34.19%
2015	12438.63	31.24%
2016	13832.65	29.16%
2017	15031.53	29.02%
2018	16297.60	28.72%

注：数据由 2011—2019 年《中国税务年鉴》及《中国城市建设统计年鉴》的数据计算而得。城市维护建设税占城市维护建设资金支出的比重体现了城市维护建设税功能的实现情况。

　　因此，我们对城市维护建设税的改造应结合其功能的实现进行，达到增加税收收入规模和完善其税收功能的双重目的。我们以公共服务均等化为目标，重构城市维护建设税。截至 2019 年底，我国城镇人口为 8.48 亿，城镇人口规模已超过 60％的目标值，达到 60.6％。若按照 2010 年以来平均的城市维护建设资金支出水平，则未来每人每年城市维护建设资金支出水平在 1222.93～1489.49 元之间①，城市维护建设资金需求每年在 10145.69 亿～12357.13 亿元之间。公共服务均等化目标要求农村和城市的公共服务水平不能相差太大，考虑农村的公用事业和公共设施的建设和维护成本，则全部的资金需求约为16909.45 亿～20595.19 亿元/年，城市维护建设税的宏观税负约在 1.5％～2.2％之间.

　　现行城市维护建设税作为一种附加税，其弊端是收入规模小且不稳定，难以实现其设税功能。对城市维护建设税进行改革，应改变其附加税种的属性，优化拥有独立税基的城市维护建设税。按照受益原则，纳税人为在本辖区登记注册从事生产经营活动的企业，征税对象为企业的经营收入，以减轻税收收入的波动性。税收立法权集中在中央，但给予地方一定的税收管理权。依前述概算结果，城市维护建设税的宏观税负应控制在 1.5％～2.2％之间，中央可将税率确定为 1.5％～3.0％的幅度比例税率，然后给予各地区因地制宜选择税率的自主权。因此，结合税收功能改造后的城市维护建设税作为市县级主体税种在规模上具有可行性。

　　（2）房产税。

　　不动产税是大部分成熟市场经济国家基层政府的主体税种。我国与房产交易和保有相关的税种包括：增值税、个人所得税、契税、土地增值税、房产税和城镇土地使用税。如果仅考虑房产税，其规模偏小。2019 年房产税总额为2988.43 亿元，仅占地方税收收入的 3.88％。但如果将与房产交易和保有相关的税种加在一起，则占比上升到 21.92％。② 具体各年房产税及其占比、与房产交易和保有有关的税种收入之和及其占比见表 6-11。

---

　　① 该数值是对 2010—2019 年人均的城市维护建设资金支出进行平均，然后在一个标准差内取值而得。葛乃旭、符宁、陈静（2017）测算的该数值为 1422.78 元/（人·年），也在该区间内。因此，该区间可以视为合理的区间。

　　② 我国与房产交易和保有有关的税种包括增值税、个人所得税、契税、土地增值税、房产税和城镇土地使用税，但本书欲归并的与房产交易和保有有关的税种是契税、土地增值税、房产税和城镇土地使用税这四种税。

表 6-11　房产税、与房产交易和保有相关税种收入之和及占地方税收收入的比重

年份	房产税收入		房产税、契税、土地增值税和城镇土地使用税收入之和	
	总额（亿元）	占地方税收收入的比重	总额（亿元）	占地方税收收入的比重
2010	894.07	2.73%	5639.22	17.24%
2011	1102.39	2.68%	7152.99	17.40%
2012	1372.49	2.90%	8507.28	17.98%
2013	1581.50	2.93%	10438.20	19.37%
2014	1851.64	3.13%	11759.64	19.88%
2015	2050.90	3.27%	11923.67	19.03%
2016	2220.91	3.43%	12988.84	20.08%
2017	2604.33	3.79%	14786.58	21.53%
2018	2888.56	3.80%	16647.48	21.92%
2019	2988.43	3.88%	17861.84	23.20%

注：数据由 2011—2020 年《中国统计年鉴》的数据计算而得。

如表 6-11 所示，与房地产交易和保有有关的几个税种（房产税、契税、土地增值税和城镇土地使用税）合计在 2015—2019 年平均占地方税收收入的 21.15% 左右，且总体呈不断上升的趋势。如果房产税对居住用房征税全面推广，该比例还将有一个较大的上升。安体富、葛静、温磊（2012）按国际平均税率 1% 对房产税进行测算，认为如果对"六五"到"十一五"时期的全部存量房征税，则全国应征的房产税额比主体税种营业税还多一千多亿元的收入。[①]郭哲、费茂清、石坚（2019）参照国际上绝大多数国家房地产税税负，以公平的视角探讨了中国房产税改革中税率的选择，认为现阶段房产税税负水平为 2.5% 是合意的，并依此测算出房产税全国平均有效税率为 0.48%，其中东部地区 0.31%，中部地区 0.45%，西部地区 0.50%，东北地区 0.76%。[②]该结论意味着一个年均可支配收入 10 万元的家庭，每年需要缴纳 2500 元的房产税，现阶段该税负水平在居民可承受范围内。如果借用该有效税率，以

---

① 安体富、葛静、温磊：《沪渝房产税改革试点的启示和完善建议》，《涉外税务》，2012 年第 11 期，第 21 页。

② 郭哲、费茂清、石坚：《中国房地产税改革中的税率选择－基于公平的视角》，《税务研究》，2019 年第 4 期，第 41 页。

1996—2019 年累计销售住宅用商品房的现价为计税依据①，将全部住宅用房地产分为 90 平方米以下、90~144 平方米、144 平方米以上以及别墅和高档公寓四类，对 90 平方米以下的住宅用房产免税，则可以概算出如下结论：全部住宅用房产税收收入约占全部地方税收收入的 6.75%，加上原商业用房房产税、契税、土地增值税和城镇土地使用税，全部房产税可占全部地方税收收入的 27% 左右②，那么，房产税作为市县级重要税种在规模上是可行的。

近年来，我国居民以房产作为资产持有方式越来越普遍，房产价值上升也较快。根据《中国家庭金融调查报告（2016）》的结果，我国城市户均拥有住房已经超过了 1 套，达到 1.22 套，城市家庭住房拥有率达到了 85.39%。拥有一套住房的城市家庭占 69.05%，拥有两套住房的城市家庭占 15.44%，拥有三套及以上住房的城市家庭为 3.63%。不同地区的情况为：东部地区 71.31% 的家庭拥有一套住房，15.08% 的家庭拥有两套住房，4.12% 的家庭拥有三套及以上的住房。中部拥有一套、两套、三套及以上的比重分别为 80.27%、14.03% 和 1.16%，西部地区拥有一套、两套、三套及以上的比重分别为 84.27%、8.03% 和 0.80%。总体上，拥有多套住房的家庭占比接近 20%。那么，如果对第二套、第三套住房采取差额累进税率，则改革后的房产税在地方税收收入中的占比可以更高。

（3）资源税。

我国现行资源税仅有五个税目，包括原油、天然气、煤炭、金属矿和其他非金属矿，因此，规模也非常有限。资源税占地方税收收入的比重近五年的平均数仅为 1.86%。从总体规模上来说，资源税作为市县级重要税种不可行。但是我国资源分布极不均衡，以 2019 年数据为例，资源税收入排前五的山西、内蒙古、山东、陕西和新疆五省资源税收入之和占全国资源税总收入的 63.67%。具体到各省份，山西资源税占其地方税收收入总额的 21.47%，内蒙古为 19.64%，陕西、新疆为 10% 左右。③ 因此，以现有的资源税规模，仅极少数省份能以资源税作为本省地方税收收入的重要来源。我们对资源税规模

---

① 1994 年，我国开启城镇住房制度改革之路，从 1996 年开始累积计算住宅用商品房销售面积相对合理。

② 数据来源于 1997—2019 年《中国房地产统计年鉴》。全部住宅用房地产销售面积中，90 平方米以下的约占 25%，90~144 平方米的约占 57.18%，144 平方米以上的约占 14.54%，别墅及高档公寓约占 3.28%。现价以 2017 年的销售价格计算。全部居用住房的房产税中，90~144 平方米的房地产税占全部地方税收收入的 4.73%，144 平方米以上的占全部地方税收收入的 1.20%，别墅及高等公寓占 0.72%。在计算应纳房产税时，均扣除了 90 平方米的基本居住用面积。

③ 数据来源：根据 2020 年《中国统计年鉴》的数据计算而得。

的考虑应放在整个税收框架下，结合其他税种而进行，且以发展的眼光来看待。

首先，应扩大资源税的征税范围，将重要的稀缺资源、不可再生资源纳入资源税的征税范围。水资源税在河北省自 2016 年 6 月开始试点，到 2018 年 6 月的 24 个征期共征收水资源税达 36.8 亿元。[①] 2017 年河北省资源税的总额为 44.98 亿元，即水资源税在河北省接近全部资源税的一半。自 2017 年 12 月 1 日起，北京、天津、山西、内蒙古、河南、山东、四川、陕西、宁夏 9 省（区、市）水资源税改革开始试点，2018 年上半年山西省水资源税入库 10.93 亿元，这 9 个扩大试点省（区、市）水资源税共入库约 88 亿元。山西省 2017 年资源税总额为 272.69 亿元，排全国资源税收入总额的第一位。这 9 个省（区、市）2017 年资源税总额为 809.13 亿元。[②] 可以预计，平均水资源税收入可占原全部资源税收入的 20% 及以上。全国水资源最为匮乏的省（区、市）分别为宁夏、甘肃、新疆、内蒙古、青海[③]，而这些省（区、市）也属于经济欠发达、地方税收收入与支出责任匹配度较低的地区，将水资源税扩大到所有年降水量在 1000 毫米以下的省（区、市）可以起到增加地方税收收入和节约水资源的双重作用。另外，对森林资源开征资源税应是扩大资源税征收范围的下一步。森林资源为再生周期较长的自然资源，如果不加以规划和保护，可能会降到严重影响居民生活质量的临界点以下。我国虽然森林资源的绝对数量不低，但覆盖率仅 21.63%，且分布极不均衡，森林资源主要集中在内蒙古、黑龙江、云南和四川等省（区、市）。大部分发达国家森林覆盖率在 30% 以上，而瑞典、日本、芬兰等甚至超过 65%。[④] 我国应采用多种手段来保护森林资源，其中包括税收手段。目前，我国涉及森林资源收费的项目主要包括森林植被恢复费、育林基金、林权勘测费、林权证工本费和护林防火费等，各收费项目存在重复交叉，各地区的征收标准也存在较大差异，不利于森林资源的保护。对森林资源开征资源税，可借鉴水资源税试点的做法，初期以现行收费标准进行"平转"，待该税的征管稳定和成熟后，再结合各地森林资源的特征和再生成本的高低予以调整。同时可借鉴俄罗斯、加拿大等国的做法，以使用国

---

① 数据来源：国家税务总局网站 http://www.chinatax.gov.cn/n810219/n810739/c2725731/content.html。

② 数据来源：国家税务总局网站 http://www.chinatax.gov.cn/n810341/n810780/c3712737/content.html。

③ 根据《中国统计年鉴（2018）》数据排序。

④ 数据来源：《中国统计年鉴（2018）》。

家森林资源的单位和个人作为纳税人。

其次，应充分挖掘资源税的潜能。我国于 2010 年 6 月 1 日在新疆率先展开对原油和天然气资源税的从价计征改革试点，当年新疆资源税收入比 2009 年增加了 191.11%，2011 年比 2010 年又增加了 100.22%。① 可见，资源税的增长潜力是巨大的。

最后，应提高资源税税负，充分发挥税收促进资源节约的职能。资源税促进资源节约主要源于税收的替代效应，即资源税内含于资源的价格中，导致资源的相对价格上升，企业从节约成本的角度考虑将以别的生产要素替代资源要素。但李冬梅（2012）②、王萌（2015）③ 等实证研究的结果表明，我国资源税促进资源节约的效果并不明显。要充分发挥资源税促进资源节约的效应，需扩大资源税的征税范围，提高资源税的税负。

资源税是受益范围较窄的税种。资源开采和生产所带来的环境成本主要由地方政府来承担。而现行资源税由于征收范围小，税率不高，大多的资源收益以企业所得税和增值税的形式由中央和地方共享，造成权责不匹配。资源税收入如果被划归市县级地方政府，且扩大征税范围，成为市县级地方政府的重要收入来源，用这些收入弥补资源开采和生产带来的环境成本，更有利于区域间的财力平衡和资源的合理利用。而且，我国资源大多分布在经济落后地区，而房产税与地区经济发展程度正相关，那么资源税和房产税在地方税收入规模上就刚好可以形成互补的关系。

综上所述，依税种属性和规模合理进行选择，省级主体税种可选择个人所得税或者消费税；市县级可选择改革后的"城市维护建设税＋房产税"或"城市维护建设税＋资源税"的模式，前者符合经济发达地区的需求，后者符合经济落后地区的需求。

二、专享税导向下中国地方税体系的优化

如上所述，依据税种属性和税收收入规模，省级可以个人所得税或消费税作为主体税种。实际上，许多 OECD 国家的州级主体税种为个人所得税，如加拿大的州级税收收入中，个人所得税收入占 38.19%；澳大利亚的工薪税收入占州税收入的 28.71%；瑞士个人所得税在州级政府税收收入中甚至占到

① 数据来源：根据 2010—2012 年《中国税务年鉴》数据计算而得。

② 李冬梅：《我国资源税经济效应分析及改革前景预测》，《税务研究》，2012 年第 10 期，第 47~50 页。

③ 王萌：《资源税效应与资源税改革》，《税务研究》，2015 年第 5 期，第 54~59 页。

了 61.40%。另外，部分国家也以销售税作为除个人所得税外州级政府的主要收入来源。如加拿大州销售税占州税收收入的 34.24%，仅次于个人所得税；美国州级的销售税收入占州税收收入的 47.33%。①

按照税收履行筹集财政资金的职能，地方税应满足区域性国家管理支出和区域性科教文卫支出。依调整后的事权和支出责任，省级支出占全部地方支出的 10%左右。因此，省级主体税种占地方税收收入的 10%或以上可满足省级政府的基本支出需求。按照目前全部个人所得税和消费税均占地方税收收入的 15%左右的比重，这两个税种作为省级地方主体税种均合理。但是，我们在优化地方税体系的时候还必须考虑我国区域差距较大的事实。这种差距在个人所得税和消费税上呈现出共同的趋势。以 2019 年数据为例，人均个人所得税收入最高的是北京，为 2526.77 元；最低的是甘肃，为 76.69 元。北京人均个人所得税收入是甘肃的 32.95 倍。在消费税方面，我们以在零售环节征消费税为前提，根据各地区人均年消费的地区差距来初步判断消费税的地区差距。2019 年，年人均消费最高的是上海，为 45605.1 元；最低的是西藏自治区，为 13029.2 元。上海是西藏自治区的 3.5 倍。② 因此，不论是个人所得税还是消费税作为省级主体税种，均无法避免增加地区间财政收入差距的尴尬局面。事实上，由于我国税收收入总体是富有弹性的，税收收入规模与经济发展程度基本上呈正相关关系。经济落后地区除了资源税和烟叶税规模可观以外，其余税种的税收收入规模都较小。因此，弥补地区间差异需要依靠提高中央税收收入规模，保证中央集中全部税收收入的 60%左右，然后通过转移支付的方式来实现。

市县级政府是提供基本公共服务的主体，也是国家治理的基层单元，与居民日常生活息息相关的社区环境、日常交通、基础教育、基础医疗卫生、消防、警察等均由市县级政府提供。因此，市县级政府财力的充裕和稳定至关重要。OECD 国家基层政府税收收入大多靠财产税来筹集。如澳大利亚和英国地方财政收入基本全部依赖财产税，美国地方不动产税占全部地方税收收入的 68.45%。③ 但我国当前财产税规模比较小，担任县级地方主体税种面临财力不足的问题。我国城市维护建设税的税种属性与市县级政府的事权和支出责任匹配度较高，且收入规模占全部地方税收收入的 6%左右，如果结合城市维护

---

① 数据来源：http://www.oecd-ilibrary.org/taxation/data/revenue-statistics_ctpa-rev-data-en。

② 数据来源：根据《中国统计年鉴（2020）》的数据计算而得。

③ 数据来源：根据 OECD 数据库 https://stats.oecd.org/Index.aspx?DataSetCode=REV# 的数据计算而得。

建设税的功能定位对其进行重构，将其改造为拥有独立税基的税种，则其收入规模将大大提高，可做市县级主体税种。则市县级政府可以改造后的城市维护建设税为主，以扩围后的房产税和资源税为辅。改革后的城市维护建设税和房产税收入之和占地方税收收入的 31%～41%，城市维护建设税和资源税收入之和占地方税收收入的 26%～45%，则"城市维护建设税＋房产税"和"城市维护建设税＋资源税"分别作为发达地区和落后地区的市县级主要税收收入来源在规模上可行，可再加上城镇土地使用税、耕地占用税、车船税以及烟叶税等税种作为补充。财力不足的县市再以转移支付的形式弥补其收支差额。

以专享税为导向的改革是在前述共享税导向改革的基础上进行的，因此，如果以个人所得税为省级主体税种，则中央与地方共享的税种包括企业所得税、增值税和消费税；如果以消费税为省级主体税种，则中央与地方共享的税种包括企业所得税、增值税和个人所得税。下面以前文选择的第一种共享税方案为基础，分别以个人所得税或消费税为省级主体税种来探讨专享税导向下中国地方税体系的优化方案。

方案一：个人所得税为省级主体税种。此方案下，中央与地方共享的税种包括企业所得税、增值税和消费税。为保证中央集中全部财力 60% 左右的目标，需要重新调整共享税中央与地方分享的比例。我们以图 6-2 预测个人所得税的方法分别预测企业所得税、增值税和消费税，以 2030 年进行专享税为导向的改革作为前提，则个人所得税作为地方专享的主体税种后，中央将减少原分享的个人所得税 30% 的部分，金额约为 25228.23 亿元。为弥补中央减少的这部分收入，需要将企业所得税收入全部归属中央，或将增值税和企业所得税收入中央占比均提高到 90%。在此方案下，为保持市县级政府的财力，可将个人所得税收入的 60% 留给省级政府，40% 的部分以转移支付的形式用以调节省内各市县级政府之间财力的平衡。调整后的财力格局为：中央税收收入占全部税收收入的 60% 左右，省级占 6%～10%，市县级占 30%～34%。

方案二：消费税为省级主体税种。此方案下，中央与地方共享的税种包括企业所得税、增值税和个人所得税。同样，将消费税作为地方专享税后，为保持中央财力，需要调整剩下几种共享税中央和地方分享的比例。如果采取与方案一基本相同的前提和预测方法，则消费税作为地方专享税种后，中央将减少约 17103.91 亿元的收入。共享税的调整可以选择如下两种办法之一：将增值税中央分享比例调整为 80%，将企业所得税中央分享比例调整为 75%。将消费税作为地方专享税种，且其收入主要归属省级政府后，省级政府税收收入占全部地方税收收入的 15% 左右，则地方与中央分享的税收收入可主要归属市

县级政府，用以平衡市县级政府之间的财力。调整后的财力格局为：中央税收收入占全部税收收入的 60% 左右，省级占 6% 左右，市县级占 34% 左右。

在专享税导向下，地方税体系的具体架构见表 6-12。

表 6-12　专享税导向下地方税体系的框架

方案	省级主体税种	市县级主体税种	协调方案①
一	个人所得税	城市维护建设税＋房产税（发达地区）	①企业所得税收入全部归属中央，或增值税收入和企业所得税收入中央分享比例均为 90%，地方分享比例为 10%；消费税收入仍然中央分享 55%，地方分享 45%。中央与地方共享税地方分享的收入主要归属市县级政府。②个人所得税收入的 60% 留给省级政府，40% 的部分以转移支付的形式用以调节省内各市县级政府之间财力的平衡
		城市维护建设税＋资源税（落后地区）	
二	消费税	城市维护建设税＋房产税（发达地区）	增值税中央分享 80%，地方分享 20%，或者企业所得税中央分享 75%，地方分享 25%；个人所得税中央分享 30%，地方分享 70%。中央与地方共享税地方分享的收入主要归属市县级政府
		城市维护建设税＋资源税（落后地区）	

通过上述调整，中央集中相对较多的收入，用以保证履行宏观调控职能和调节区域差异；省级政府以少量税种作为收入来源；大部分的地方税收收入下沉到市县级政府。调整后的税收收入结构与调整后事权和支出责任的"葫芦型"结构相吻合，较好地兼顾了中央和地方的利益。

第五节　其他配套改革

中国地方税体系的优化是整个财税体系改革框架中的一个部分，其优化需与整个财税体系改革的规划相吻合，包括税收收入与非税收入的协调与配合、地方税履行调节经济的职能、增强地方税维护公共秩序的功能、建立区域均衡的税制体系等。因此，中国地方税体系的优化与完善需要与其他配套改革相结合进行才能实现其目标。这些配套改革主要包括：

---

① 专享税导向的改革是在共享税导向改革的基础上进行的。此处协调方案是以前述第一种共享税方案为基础进行的调整

第一，扩大消费税的征税范围，并随着税收征管技术的提升逐步将征税环节改到零售端。

增加私人飞机、高档实木家具、皮草类服装鞋帽、电子产品、不可降解包装物、化学肥料、农药等消费税税目，对酒吧、歌厅、夜总会、俱乐部、跑马、狩猎、度假村等特殊消费行为征收消费税，可增加税收收入，调节居民的消费行为，部分税目还具有调节收入差距的作用。

随着电子商务的发展，大型零售交易平台的财务管理比较规范，交易的电子化留下的痕迹易于追踪，为税收征管带来了便利。若将区块链技术运用于税务管理，则所有交易信息均能及时被捕捉，为消费税改在零售环节征收提供了技术支持。消费税改在零售环节征收的好处在于，即使消费税税基流动性强，将税收收益权划归省级地方政府，也不会引致地方之间的恶性税收竞争。相反，地方政府为了培植税源，会采取促进消费的政策，这与我国目前打造内循环经济体系的目标也一致。

第二，推进房产税改革。

首先，应通过立法来规范改革。税收法定是现在及未来税收改革的主要方向，现在房产税立法的条件已成熟，可适时颁布《房产税法》。以法律形式规范纳税人、征税对象、税目、税率、税收优惠、纳税期限以及其他征管办法等。税率可以由中央统一规定一个幅度税率，然后给予地方政府一定的选择权。其次，归并房产相关税收，将契税、土地增值税、房产税和城镇土地使用税合并为新的房产税。最后，在推进房产税改革的过程中，应充分考虑纳税人的负税能力。我国虽然住房拥有率较高，但对大多数家庭而言，并不拥有与房产价值匹配的稳定现金流，比如因住房分配制度改革，而以较低的成本或者零成本获得了住房所有权的群体；因拆迁而获得多套住房的群体等。因此，房产税的推广需要充分考虑纳税人的负担能力，保障居民的基本住房需求，将纳税人主要集中在拥有多套住房和拥有高档住房的群体上。

第三，形成各地区有差别的税制结构。

我国地域辽阔，区域差异比较明显，包括地区间经济发展程度的差异、自然资源分布的差异、产业结构的差异、人口聚集程度的差异等。地方税收收入中，企业所得税、个人所得税、增值税、城市维护建设税等都依赖于经济的发达程度，而这几个税种占了地方税收收入的绝大部分。地方税收收入多，则地方公共服务的数量和质量相对较高，会吸引更多的资本和劳动力进入，这样会更进一步拉大地区间差异。因此，我们一方面要形成各地区有差别的税制结构，给予落后地区相对稳定的财力，比如充分挖掘资源税的税收潜力。另一方

面，也需要中央集中较多的财力，给落后地区更多的均衡性转移支付，促进公共服务均等化。这种区域间有差异的格局可能会持续较长的时间。

第四，给予地方一定的税收立法权。

中国地方政府获得税收立法权的路途虽还长，但实际上已经在探索的路上了。中国早在十六届三中全会决议中就提出"在统一税政前提下，赋予地方适当的税政管理权"。而最近房产税改革的思路也是"立法先行、充分授权、分步推进"。如果从"实质重于形式"的原则来看待地方的税收立法权问题，目前地方政府实际上已经获得了部分立法权。如资源税、城镇土地使用税、耕地占用税等税种均是中央将税率限定在一定的范围，地方有权在该范围以内因地制宜地选择税率。地方也有部分税种的税收减免权。

给予地方一定的税收立法权应在整个税收法治化的框架下，谨慎和稳步地推进。在近期，我们应结合房产税、契税、土地增值税等税种立法的推进，在税率选择和税收优惠等方面给予地方政府更大的自由裁量权。随着税收法治化的全面推进和地方政府税政管理水平的逐步成熟，可适时赋予地方政府一定的税基调整权。由于税基与地方经济和税收规模的关系更为紧密和直接，给予地方政府一定的税基调整权，可以让地方政府更能因地制宜地进行税政管理。当地方政府积累一定的税政管理经验后，可以给予地方政府根据当地经济发展状况、居民收入水平、资源禀赋等因素设立独立的地方税种的权利。

第五，加强对非税收入的管理。

非税收入是地方财政收入的重要收入来源。部分地区非税收入占了一般公共预算收入的 35％ 以上（如 2019 年的广西、宁夏、新疆等）。非税收入中，又以国有资源（资产）有偿使用收入占比最高。如山西、广西、青海、宁夏、西藏等地国有资源（资产）有偿使用收入占其非税收入均超过 40％。① 总体来说，经济越落后的地区，其地方财政收入对非税收入的依赖越强。

非税收入是政府作为公共主体和经济主体获取财政收入的一种重要方式，全民所有的资源（资产）通过市场交易获得非税收入，其收益再通过预算安排实现全民共享，是实现收入公平分配的一种重要手段。因此，非税收入的改革不是扩大还是缩小其比重的问题，而是如何规范非税收入管理的问题。

非税收入的改革，首先要以法定为原则对非税收入进行管理。财政部已于2016 年颁布了《政府非税收入管理办法》，对政府非税收入所包含的内容、设立和征收管理进行了规范。但是管理办法作为规范性文件，缺乏法律的权威性

---

① 数据来源：根据《中国财政年鉴（2020）》数据计算而得。

和稳定性，应及时出台《政府非税收入征管法》《公共产权收入法》等法律，各地相应地颁布适合于本地区的《非税收入管理条例》，以法的权威规范和约束非税收入的征管和使用。其次，应对非税收入进行集中的征收和管理，逐步推进非税收入征收管理的电子化，建立政府非税收入大数据中心，提高非税收入征管的效率和支出的效率。最后，加强对非税收入的监督。政府所有有关非税收入征收、管理和使用的信息，除非涉及的信息属于机密信息，否则，均应该向社会公众公开，接受社会公众的监督，并定期向相应层级的人民代表大会汇报，接受人民代表大会的监督。

第六，以公共服务均等化为目标规范转移支付制度。

我国地区之间、各层级政府之间税收收入差距较大，中央政府需承担较多的宏观调控职能和平衡区域差异的职能，因此，相对于支出责任而言，中央需要集中相对较多的财力，然后以转移支付的形式来再分配这部分财力。转移支付收入是地方财政收入的重要来源。国内有较多的研究证实了税收返还拉大了地区间的财力差距。因此，规范转移支付制度首先应提高一般性转移支付的比重，将一般性转移支付与公共服务均等化目标很好地衔接，在考虑各地区财力差异、支出成本差异等基础上，优化以各地基本财力均等化为目标的一般转移性支付制度。规范转移支付还应该结合事权与支出责任的清晰划分，建立清晰和确定的专项转移支付制度。

参考文献

[1] 孙玉栋，安体富. 中国税收负担与税收政策研究［M］. 北京：中国税务出版社，2006.

[2] 财政部税政司. 地方税改革与税收政策研究［M］. 北京：中国财政经济出版社，2000.

[3] 财政部预算司. 中国政府间财政关系［M］. 北京：中国财政经济出版社，2003.

[4] 陈强. 高级计量经济学及 Stata 应用［M］. 北京：高等教育出版社，2016.

[5] 邓子基，林致远. 财政学［M］. 北京：清华大学出版社，2008.

[6] 高培勇. 财税体制改革与国家治理现代化［M］. 北京：社会科学文献出版社，2014.

[7] 高培勇，杨志勇. 世界主要国家财税体制：比较与借鉴［M］. 北京：中国财政经济出版社，2010.

[8] 高培勇. 将全面深化财税体制改革落到实处［M］. 北京：中国财政经济出版社，2014.

[9] 高铁梅. 计量经济分析方法与建模［M］. 北京：清华大学出版社，2016.

[10] 郭庆旺，赵志耘. 公共经济学［M］. 北京：高等教育出版社，2010.

[11] 罗森. 财政学［M］. 马欣仁，陈茜，译. 北京：中国财政经济出版社，1992.

[12] 艾伦，盖尔. 美国税制改革的经济影响［M］. 郭庆旺，刘茜，译. 北京：中国人民大学出版社，2001.

[13] 黄运武. 新编财政大辞典［M］. 沈阳：辽宁人民出版社，1992.

[14] 霍布斯. 利维坦［M］. 黎思复，黎延弼，译. 北京：商务印书馆，1985.

[15] 布坎南. 自由、市场与国家——80 年代的政治经济学［M］. 平新乔，

莫扶民，译. 上海：上海三联书店，1989.

[16] 金人庆. 中国税务辞典 [M]. 北京：中国税务出版社，2000.

[17] 李杰云. 我国省以下财政体制研究 [M]. 北京：中国财政经济出版社，2006.

[18] 李俊生，李贞. 外国财政理论与实践 [M]. 北京：经济科学出版社，2012.

[19] 刘尚希. 新型城镇化中的财政支出责任 [M]. 北京：经济科学出版社，2015.

[20] 鲁迪格·多恩布什，斯坦利·费希尔，理查德·斯塔兹. 宏观经济学 [M]. 10 版. 王志伟，译. 北京：中国人民大学出版社，2010.

[21] 楼继伟. 中国政府间财政关系再思考 [M]. 北京：中国财政经济出版社，2013.

[22] 毛程连，庄序莹. 西方财政思想史 [M]. 上海：复旦大学出版社，2010.

[23] 平新乔. 微观经济学十八讲 [M]. 北京：北京大学出版社，2015.

[24] 平新乔. 财政原理与比较财政制度 [M]. 上海：上海三联书店，上海人民出版社，1995.

[25] 沙安文，沈春丽. 财政联邦制与财政管理：中外专家论政府间财政体制 [M]. 张晓晶，译. 北京：中信出版社，2005.

[26] 贝利. 公共部门经济学 [M]. 邓力平，译. 北京：中国人民大学出版社，2000.

[27] 苏明. 财政支出政策研究 [M]. 北京：中国财政经济出版社，1999.

[28] 孙开. 政府间财政关系研究 [M]. 大连：东北财经大学出版社，1994.

[29] 米纳什. 政府间财政关系理论与实践 [M]. 政府间财政关系课题组，译. 北京：中国财政经济出版社，2003.

[30] 王朝才. 日本财政法 [M]. 北京：经济科学出版社，2007.

[31] 许毅，陈宝森. 财政学 [M]. 北京：中国财政经济出版社，1984.

[32] 叶振鹏. 中国历代财政改革研究 [M]. 北京：中国财政经济出版社，1999.

[33] 赵云旗. 中国分税制财政体制研究 [M]. 北京：经济科学出版社，2005.

[34] 章炜. 税务辞典 [M]. 北京：中国财政经济出版社，1989.

[35] 安体富，葛静，温磊. 沪渝房地产税改革试点的启示和完善建议 [J].

涉外税务，2012（11）：18—23.

[36] 安体富，蒋震. 我国资源税：现存问题与改革建议［J］. 涉外税务，2008（5）：10—14.

[37] 白景明. 客观认识我国的中央政府财权集中度［J］. 财贸经济，2007（8）：42—47+128.

[38] 白景明. 如何健全地方专享税体系？［J］. 财政科学，2018（4）：13—18.

[39] 白景明，朱长才，叶翠青，等. 建立事权与支出责任相适应财税制度操作层面研究［J］. 经济研究参考，2015（43）：3—91.

[40] 白彦锋，吴哲方. 增值税中央与地方分享比例问题研究［J］. 财贸经济，2010（3）：39—46.

[41] 白彦锋，贾思宇. 财政分权对区域创新能力的影响——基于土地财政中介效应的实证研究［J］. 财政监督，2019（12）：27—34.

[42] 陈工，邓逸群. 中国式分权与环境污染——基于空气质量的省级实证研究［J］. 厦门大学学报（哲学社会科学版），2015（4）：110—120.

[43] 陈琦. 转移支付与地方税收激励政策研究［J］. 经济论坛，2010（10）：22—25.

[44] 成涛林. 新型城镇化地方财政支出需求及资金缺口预测：2014—2020年［J］. 财政研究，2015（8）：52—57.

[45] 褚敏，靳涛. 分税制后的中央转移支付有效率吗？——基于中央转移支付对地区间增长公平与效率的检验［J］. 上海财经大学学报，2013，15（2）：71—79.

[46] 崔军，张雅璇. 个人所得税分享收入的占比结构与税收负担［J］. 税务研究，2015（3）：36—43.

[47] 邓菊秋. 省以下地方税主体税种选择［J］. 中南财经政法大学学报，2007（6）：86—90.

[48] 邓子基. 建立和健全我国地方税体系研究［J］. 福建论坛，2007（1）：10—15.

[49] 范子英，张军. 中国如何在平衡中牺牲了效率：转移支付视角［J］. 世界经济，2010（11）：117—138.

[50] 傅才武，宋文玉. 创新我国文化领域事权与支出责任划分理论及政策研究［J］. 山东大学学报，2015（6）：1—20.

[51] 傅勇. 财政分权、政府治理与非经济性公共物品供给［J］. 经济研究，

2010，45（8）：4—15+65.

［52］付文林，赵永辉. 财政转移支付与地方征税行为［J］. 财政研究，2016（6）：16—27.

［53］高培勇. 公共财政问题的由来［J］. 涉外税务，2001（4）：1—13.

［54］高培勇. 由适应市场经济体制到匹配国家治理体系——关于新一轮财税体制改革基本取向的讨论［J］. 财贸经济，2014（3）：5—20.

［55］葛乃旭，符宁，陈静. 特大城市农民工市民化成本测算与政策建议［J］. 经济纵横，2017（3）：65—68.

［56］郭艳娇，王振宇. 省直管县是否能够显著影响经济增长？——基于荟萃回归分析方法［J］. 财政研究，2018（6）：33—41.

［57］郭玲，刘跃. 房产税改革对我国地方财政的影响——以沪渝房产税改革试点方案为样本［J］. 税务研究，2011（12）：38—40.

［58］郭庆旺，贾俊雪. 财政分权、政府组织结构与地方政府支出规模［J］. 经济研究，2010，45（11）：59—72+87.

［59］郭庆旺，贾俊雪，高立. 中央财政转移支付与地区经济增长［J］. 世界经济，2009（12）：15—26.

［60］郭庆旺，吕冰洋. 地方税体系建设论纲：兼论零售税的开征［J］. 税务研究，2013（11）：9—14.

［61］郭哲，费茂清，石坚. 中国房地产税改革中的税率选择——基于公平的视角［J］. 税务研究，2019（4）：37—42.

［62］韩凤芹. 完善职业教育事权与支出责任相适应机制［J］. 财政科学，2017（2）：5—12.

［63］胡海峰，陈世金. 创新融资模式——化解新型城镇化融资困境［J］. 经济学动态，2014，（7）：57—69.

［64］胡曼军. 对房地产保有环节税制改革的探讨［J］. 涉外税务，2012（3）：31—35.

［65］胡怡建，张伦伦. 我国地区间的财力差异——基于地方税体系与转移支付体系的比较分析［J］. 山西财经大学学报，2007（7）：17—22.

［66］贾俊雪，郭庆旺，宁静. 财政分权、政府治理结构与县级财政解困［J］. 管理世界，2011（1）：30—39.

［67］贾俊雪，宁静. 纵向财政治理结构与地方政府职能优化——基于省直管县财政体制改革的拟自然实验分析［J］. 管理世界，2015（1）：7—17+187.

[68] 贾康，马晓玲. 财政职能进一步调整的思路 [J]. 财贸经济，2000（7）：5-18.

[69] 贾康. 中国财政体制改革之后的分权问题 [J]. 改革，2013（2）：5-10.

[70] 贾康，梁季. 我国地方税体系的现实选择：一个总体架构 [J]. 改革，2014（7）：57-65.

[71] 寇明风. 省以下政府间事权与支出责任划分的难点分析与路径选择 [J]. 经济研究参考，2015（33）：66-72.

[72] 匡小平，刘颖. 制度变迁、税权配置与地方税体系改革 [J]. 财经问题研究，2013（3）：77-81.

[73] 李波. 省以下地方税主体税种选择 [J]. 中南财经政法大学学报，2007（6）：85-90.

[74] 李春根，舒成. 基于路径优化的我国政府间事权和支出责任再划分 [J]. 财政研究，2015（6）：59-63.

[75] 李冬梅. 我国资源税经济效应分析及改革前景预测 [J]. 税务研究，2012（10）：47-50.

[76] 李华. 地方税的内涵与我国地方税体系改革路径——兼与 OECD 国家的对比分析 [J]. 财政研究，2018（7）：66-80.

[77] 李建军. 现代财政制度下的税收职能探析 [J]. 税务研究，2016（1）：26-31.

[78] 李俊生，乔宝云，刘乐峥. 明晰政府间事权划分，优化现代化政府治理体系 [J]. 中央财经大学学报，2014（3）：3-10.

[79] 李俊生. 新市场财政学：旨在增强财政学解释力的新范式 [J]. 中央财经大学学报，2017（5）：3-11.

[80] 李森焱. 中央和地方环保事权与支出责任匹配研究 [J]. 财政监督，2018（23）：12-17.

[81] 李齐云，刘小勇. 我国事权与财力匹配的财政体制选择 [J]. 山东社会科学，2009（3）：74-77.

[82] 李齐云，周雪，孙靖然，等. 税收分权度、经济增长及成因探析 [J]. 地方财政研究，2017（6）：8-16.

[83] 李一花. 财政分权中的中央集中度：评价、问题与改革 [J]. 当代财经，2013（9）：28-38.

[84] 李峰，付晓枫. 地方主体税种培育问题探究——以经济发展理论为视角

［J］. 财政研究，2015（3）：45—50.

［85］梁季. 完善我国地方税体系的理论思考［J］. 地方财政研究，2018（9）：4—11.

［86］林江，孙辉，黄亮雄. 财政分权、晋升激励和地方政府义务教育供给［J］. 财贸经济，2011（1）：34—40.

［87］林毅夫，刘志强. 中国的财政分权与经济增长［J］. 北京大学学报（哲学社会科学版），2000（4）：5—17.

［88］刘承礼. 省以下政府间事权和支出责任划分［J］. 财政研究，2016（12）：14—27.

［89］刘建民，王蓓，陈霞. 财政分权对环境污染的非线性效应研究——基于中国 272 个地级市面板数据的 PSTR 模型分析［J］. 经济学动态，2015（3）：82—89.

［90］刘金东，冯经纶. 中国税收超 GDP 增长的因素分解研究——基于 Divisia 指数分解方法［J］. 财经研究，2014（2）：30—40.

［91］刘尚希. 我国城镇化对财政体制的"五大挑战"及对策思路［J］. 地方财政研究，2012（4）：4—10.

［92］刘尚希. 财政改革、财政治理与国家治理［J］. 理论视野，2014（1）：24—27.

［93］刘尚希. 基于国家治理的财政改革新思维［J］. 地方财政研究，2014（1）：4—5+27.

［94］刘尚希. 财政与国家治理：基于三个维度的认识［J］. 经济研究参考，2015（38）：3—9+17.

［95］刘尚希，石英华，武靖州. 公共风险视角下中央与地方财政事权划分研究［J］. 改革，2018（8）：15—24.

［96］刘尚希，马洪范，刘微，等. 明晰支出责任：完善财政体制的一个切入点［J］. 经济研究参考，2012（41）：3—11.

［97］刘伟四. 地方税适度规模与地方税制改革［J］. 湖南税务高等专科学校学报，2001（1）：15—16.

［98］刘晓路，郭庆旺. 财政学 300 年：基于国家治理视角的分析［J］. 财贸经济，2016（3）：5—13.

［99］刘怡，刘维刚. 税收分享、征税努力与地方公共支出行为——基于全国县级面板数据的研究［J］. 财贸经济，2015（6）：32—44.

［100］刘怡，刘维刚. 税收分享对地方征税努力的影响——基于全国县级面板

数据的研究〔J〕. 财政研究, 2015 (3): 30-36.

[101] 卢洪友, 熊艳. 我国税收的居民收入再分配效应研究〔J〕. 财政研究, 2014 (4): 15-18.

[102] 卢洪友, 张楠. 政府间事权与支出责任的错配与匹配〔J〕. 地方财政研究, 2015 (5): 4-10.

[103] 卢剑灵. 现阶段我国地方税体系建立的基本思路〔J〕. 税务与经济, 2001 (4): 27-30.

[104] 楼继伟. 深化事权与支出责任改革, 推进国家治理体系和治理能力现代化〔J〕. 财政研究, 2018 (1): 2-9.

[105] 吕冰洋. 现代政府间财政关系的构建〔J〕. 中国人民大学学报, 2014 (5): 11-19.

[106] 吕冰洋. 零售税的开征与分税制的改革〔J〕. 财贸经济, 2013 (10): 17-26.

[107] 吕冰洋, 李峰. 中国税收超 GDP 增长之谜的实证解释〔J〕. 财贸经济, 2007 (3): 29-36+128.

[108] 马光荣, 郭庆旺, 刘畅. 财政转移支付结构与地区经济增长〔J〕. 中国社会科学, 2016 (9): 105-125+207-208.

[109] 马海涛, 姜爱华. 优化税权配置, 完善地方税体系〔J〕. 税务研究, 2011 (11): 3-9.

[110] 马海涛, 任强, 程岚. 我国中央和地方财力分配的合意性: 基于"事权"与"事责"角度的分析〔J〕. 财政研究, 2013 (4): 2-6.

[111] 马拴友. 政府规模与经济增长: 兼论中国财政的最优规模〔J〕. 世界经济, 2000 (11): 59-64.

[112] 马万里. 关于政府间事权与支出责任划分的几个理论问题〔J〕. 地方财政研究, 2017 (4): 4-11+18.

[113] 马万里. 多中心治理下的政府间事权划分新论——兼论财力与事权相匹配的第二条路径〔J〕. 经济社会体制比较, 2013 (6): 203-213.

[114] 缪小林, 付申才, 张蓉. 国家治理视角下政府间事权配置研究——基于分工思想的公共利益最大化目标理念〔J〕. 财政科学, 2018 (6): 26-44.

[115] 倪红日. 应该更新"事权与财权统一"的理念〔J〕. 涉外税务, 2006 (5): 5-8.

[116] 平新乔, 白洁. 中国财政分权与地方公共品的供给〔J〕. 财贸经济,

2006 (2)：49－55＋97.

[117] 荣朝和. 铁路可持续发展必须明确事权与支出责任 [J]. 北京交通大学学报，2019 (5)：16－28.

[118] 施文泼. 地方税的理想与现实 [J]. 财政科学，2018 (4)：52－57.

[119] 苏明. 地方税税权划分研究 [J]. 山西财税，2000 (3)：9－15.

[120] 苏明. 中国地方税税权划分的理论分析和改革方向 [J]. 福建论坛，2005 (3)：8－13.

[121] 孙钢. 自然人税收管理体系建设的国际经验借鉴 [J]. 财政研究，2017 (12)：60－74＋98.

[122] 孙钢. 我国个人所得税制改革进展："快板"还是"慢板" [J]. 税务研究，2010 (3)：41－45.

[123] 孙开. 构建县级政府基本财力的长效保障机制 [J]. 经济研究参考，2011 (70)：12－13.

[124] 孙开，王冰. 政府间普通教育事权与支出责任划分研究——以提供公平而有质量的教育为视角 [J]. 财经问题研究，2018 (8)：73－81.

[125] 孙玉栋. 税收竞争、税收负担与经济发展的关系及政策选择 [J]. 中央财经大学学报，2007 (5)：1－6.

[126] 涂思. 财政分权与土地财政——基于中国省级面板数据的实证分析 [J]. 财政监督，2016 (16)：79－83.

[127] 王剑锋. 经济因素在税收增长中贡献作用的估算：1997—2005 [J]. 税务与经济，2007 (6)：71－77.

[128] 王萌. 资源税效应与资源税改革 [J]. 税务研究，2015 (5)：54－59.

[129] 王浦劬. 中央与地方事权划分的国别经验及其启示——基于六个国家经验的分析 [J] 政治学研究，2016 (15)：44－58＋126.

[130] 王玮. 我国政府间税收收入划分模式的选择——以共享税为主还是完全划分税种？[J]. 财贸经济，2011 (7)：19－23.

[131] 王小龙，方金金. 财政"省直管县"改革与基础政府税收竞争 [J]. 经济研究，2015 (11)：79－93＋176.

[132] 王逸青. 公共卫生事权与支出责任划分研究综述 [J]. 地方财政研究，2019 (5)：102－106.

[133] 王雍君. 地方政府财政自给能力的比较分析 [J]. 中央财经大学学报，2000 (5)：21－25.

[134] 吴永求，赵静. 转移支付结构与地方财政效率——基于面板数据的分位

数回归分析 [J]. 财贸经济, 2016 (2): 28−40.

[135] 辛波, 于淑俐. 谈我国中央与地方政府间税权配置的进一步改进 [J]. 财贸研究, 2006 (3): 58−63.

[136] 辛方坤. 财政分权、财政能力与地方政府公共服务供给 [J]. 宏观经济研究, 2014 (4): 67−77.

[137] 闫坤, 于树一. 论我国政府间财政支出责任的"错配"和"纠错" [J]. 财政研究, 2013 (8): 14−18.

[138] 姚洋, 杨雷. 制度供给失衡和中国财政分权的后果 [J]. 战略与管理, 2003 (3): 27−33.

[139] 杨灿明, 赵福军. 财政分权理论及其发展评述 [J]. 中南财经政法大学学报, 2004 (4): 3−10+142.

[140] 杨继瑞. 房产税征管系统完善与现实把握: 源自沪渝试点 [J]. 改革, 2001 (3): 47−52.

[141] 杨卫华, 严敏悦. 应选择企业所得税为地方税主体税种 [J]. 税务研究, 2015 (2): 42−50.

[142] 杨志安, 郭矜. 完善地方税体系, 培育地方性主体税种 [J]. 税务研究, 2014 (4): 8−13.

[143] 杨志勇. 地方税体系构建的基本理论分析 [J]. 税务研究, 2000 (7): 49−51.

[144] 杨志勇. 中国地方税体系的构建与完善问题探讨 [J]. 涉外税务, 2013 (6): 14−18.

[145] 杨志勇. 中央和地方事权划分思路的转变: 历史与比较的视角 [J]. 财政研究, 2016 (9): 2−10.

[146] 尹音频, 张莹. 消费税能担当地方税主体税种吗? [J]. 税务研究, 2014 (5): 27−31.

[147] 于树一. 论国家治理框架下事权和支出责任相适应的政府间财政关系 [J]. 地方财政研究, 2015 (5): 11−16+22.

[148] 赵宝廷. 中央和地方间共享税比例的财政体制博弈模型 [J]. 宏观经济研究, 2010 (6): 44−49+74.

[149] 赵大全, 何春玲. 关于省以下财政体制改革的若干思考 [J]. 财会研究, 2010 (4): 6−9.

[150] 赵云旗. 政府间"财政支出责任"划分研究 [J]. 经济研究参考, 2015 (68): 3−14+29.

[151] 赵志耘，杨朝峰. 分税制改革以来我国地方税收增长研究 [J]. 财贸经济，2008（8）：32—37+128.

[152] 张斌. 事权与支出责任视角下的地方税体系建设 [J]. 税务研究，2016（9）：34—39.

[153] 张春宇. 从税权角度谈优化中央与地方政府间税收关系 [J]. 税务研究，2017（3）：106—109.

[154] 张绘. 政府间职业教育事权和支出责任划分的思路与建议 [J]. 财会研究，2017（10）：5—9.

[155] 张学诞. 消费税改革：问题与政策建议 [J]. 中国财政，2015（6）：40—43.

[156] 张学诞，许文，梁季，等. 消费税改革研究：基于共享税的考虑 [J]. 财政科学，2017（12）：66—89.

[157] 张宇. 财政分权与政府财政支出结构偏异——中国政府为何偏好生产性支出 [J]. 南开经济研究，2013（6）：35—50.

[158] 周波，韩金晓. 精准扶贫进程中的事权与支出责任问题研究 [J]. 河北大学学报，2019，44（2）：108—117.

[159] 周克清，项梓鸣. 关于我国地方税系建设的若干思考 [J]. 税务研究，2013（3）：15—18.

[160] 朱长才. 新形势下财政职能的重新定位 [J]. 财政研究，2014（7）：45—46.

[161] 朱海涛. 财政分权视域下优化地方税收体系研究 [J]. 经济研究参考，2018（34）：28—32.

[162] 朱青. 完善我国地方税体系的构想 [J]. 财贸经济，2014（5）：5—13.

[163] 朱为群，唐善永，缑长艳. 地方税的定位逻辑及其改革设想 [J]. 税务研究，2015（2）：51—56.

[164] 高培勇. 十九大报告中对财税改革部署出现三大变化 [N]. 证券时报，2017—11—15（02）.

[165] 贾康，梁季. 以开阔视野看地方税体系优化 [N]. 中国财经报，2014—08—05（03）.

[166] 刘尚希. 地方税改革关乎国家治理 [N]. 光明日报，2014—09—04（02）.

[167] 楼继伟，李丽辉. 深化财税改革，三大任务最紧迫 [N]. 人民日报，2014—07—06（03）.

［168］杨志勇. 消费税能改造为地方税吗？［N］. 第一财经日报，2014－02－18（02）.

［169］BRENNAN G，BUCHANAN J M. The power to tax：analytical foundations of a fiscal constitution ［M］. Cambridge：Cambridge University Press，1980.

［170］OATES W E. Federalism and government finance［M］. Massachusettes：Harvard University Press，1994.

［171］OATES W E. Fiscal federalism ［M］. New York：Harcourt Brace Jovanovich，1972.

［172］OLSON M. Power and prosperity：outgrowing communist and capitalist dictatorships ［M］. New York：Basic Books，2000.

［173］MUSGRAVE R A. The theory of public finance ［M］. New York：McGraw－Hill，1959.

［174］TRESH R W. Public finance ［M］. Boston：Business Publication，1981.

［175］BROADWAY R. Public sector economics ［M］. Cambridge：Mass Winthrop Publishers，1979.

［176］WANGER R E. Public finance：revenue and expenditures in a democratic society ［M］. New York：Little Brown and Company，1983.

［177］YANG D. Remarking the Chinese leviathan：market transition and the politics of governance in China ［M］. Stanford：Stanford University Press，2004.

［178］ACOSTA P. The "flypaper effect" in presence of spatial interdependence：Evidence from Argentinean municipalities ［J］. The annals of regional science，2010，44（3）：453－466.

［179］ADAM A，KAMMAS P，LAPATINAS A. Income inequality and the tax structure：Evidence from developed and developing countries ［J］. Journal of comparative economics，2015，43（1）：138－154.

［180］AKAI N，SAKATA M. Fiscal decentralization contributes to economic growth：Evidence from state－level cross－section data for the United States ［J］. Journal of urban economics，2002，24，52（1）：93－108.

［181］ALEXANDER F K. Comparative study of state tax effort and the role of federal government policy in shaping revenue reliance patterns ［J］. New direction for institutional research，2003，119（11）：13－25.

[182] ALLERS M A, ELHORST J P. Tax mimicking and yardstick competition among local government in the Netherlands [J]. International tax and public finance, 2005, 12 (4): 493—513.

[183] ANDREY Y. Fiscal decentralization and regional economic growth: Theory, empiric, and the russian experience [J]. Russian journal of economics, 2015 (4): 404—418.

[184] ATKINSON A B, BOURGUIGNON F, CHIPPER P A. What do we learn about tax reform form international comparisons? France and Britain [J]. European economic review, 1998, 32 (2): 343—352.

[185] BACHA S, CORNEOB G, STEINER V. Optimal top marginal tax rates under income splitting for couples [J]. European economic review, 2012, 56 (6): 1055—1069.

[186] BALDWIN R E, KRUGMAN P. Agglomeration integration and tax harmonization [J]. European economic review, 2003, 48 (2): 1—23.

[187] BARRO R J. Economic growth in a gross section of countries [J]. Quarterly journal of economics, 1991, 106 (2): 407—444.

[188] BARRO R J. Government spending in a simple model of endogenous growth [J]. The journal of political economy, 1990, 98 (5): 103—125.

[189] BASKARAN T, FELD L. Fiscal decentralization and economic growth in OECD counties: Is there a relationship? [J]. Public finance review, 2009, 41 (4): 421—445.

[190] BIRD E M, ZOLT R M. The limited role of the personal income tax in developing countries [J]. Journal of asian economics, 2005, 16 (6): 928—946.

[191] BLONIGEN B A, KOLPIN V. Technology agglomeration and regional competition for investment [J]. Canadian journal of economics, 2008, 40 (4): 1149—1167.

[192] BOADWAY R. The theory and practice of equalization [J]. CESIFO economic studies. 1979 (50): 211—254.

[193] BORGIGNON M, CERNIGLIA F, REVELLI F. In search of yardstick competition: a spatial analysis of italian municipal property tax setting [J].

Journal of urban economics，2003（54）：199—217.

[194] BORCK R，OWINGS S. The political economy of intergovernmental grants [J]. Regional science and urban economics，2003，33（2）：139—156.

[195] BOURGUIGNON F，SPADARO A. Microsimulation as a tool for evaluating redistribution policies [J]. Journal of economic inequality，2006（4）：77—106.

[196] BRADFORD D F，OATES W E. Towards a predictive theory of intergovernmental grants [J]. The American economic review，1971，61（2）：440—448.

[197] BRUECKNER J K. Fiscal federalism and economic growth [J]. Journal of public economics，2005（10）：1—19.

[198] CASE A C，ROSEN H S，HINES J J. Budget spillovers and fiscal policy interdependence：evidence from the states [J]. Journal of pubic economics，1993，52（3）：285—307.

[199] DAVOOD H，ZOU H F. Fiscal decentralization and economic growth：a cross—country study [J]. Journal of urban economics，1998（43）：244—257.

[200] DAHLBY B，Wilson L S. Vertical fiscal externalities in a federation [J]. Journal of public economics，2003，87（5）：917—930.

[201] DIAMOND P A. Optimal income tax ation：an example with a U—shaped pattern of optimal marginal taxrates [J]. The american economic review，1998，88（1）：83—95.

[202] MARTIN D T，JAMES R. Expenditure effects of metropolitan tax base sharing：a public choice analysis [J]. Public choice，1983，40（2）：175—186.

[203] EDWARDS J，KEEN M. Tax competition and leviathan [J]. European economic review，1996，40（1）：113—134.

[204] LUTHI E，SCHMIDHEINY K. The effect of agglomeration size on local taxes [J]. Journal of economic geography，2014，3（14）：265—287.

[205] MARTIN F. On the theory of tax reform [J]. Journal of public economics，1976，6（1）：77—104.

[206] WOLLER G, PHILIPS K. Fiscal decentralization and LDC economic growth: an empirical investigation [J]. Journal of development studies, 1998, 34 (4): 139—148.

[207] GRIER K, TULLOCL G. An empirical analysis of gross — national economic growth: 1951 — 1980 [J]. Journal of monetary economics, 1989 (24): 259—276.

[208] CODRINGTON H. Country size and taxation in developing countries [J]. The journal of development studies, 1989, 25 (4): 508—520.

[209] EDGERTON J. Institution, Tax structure and state—local fiscal stress [J]. National tax journal, 2004 (1): 147—158.

[210] KNIGHT J, LI S. Fiscal decentralization incentives redistribution and reform in China [J]. Oxford development studies, 1999, 27 (1): 5—32.

[211] KEEN M. Vertical tax externalities in the theory of fiscal federalism [J]. International monetary fund, 1998, 45 (3): 454—485.

[212] KONISKY D M. Regulatory competition and environmental enforcement: Is there a race to the bottom? [J]. American journal of political science, 2007, 51 (4): 853—872.

[213] MARTINEZ—VAZQUEZ J, ROBERT M M. Fiscal decentralization: economic growth and democratic governance [D]. Atlanta: Georgia State University, 1997.

[214] JAMES A M. Optimal tax theory: a synthesis [J]. Journal of public economics, 1976 (6): 327—358.

[215] MOTOHIRO S, SHINJI Y. Decentralization and economic development in asian countries: a overview [J]. Hitotsubashi journal of economics 2000, 41 (2): 77—84.

[216] NAI L K, SU W Y. Pursuing revenue autonomy or playing politics? fiscal behaviour of local governments in Taiwan [J]. Public budgeting and finance, 2013, 72 (3): 330—343.

[217] OATES W E. The effects of property taxes and local public spending on property values: an empirical study of tax capitalization and the Tiebout Hypothesis [J]. Journal of political economy, 1959, 77 (6): 957—971.

[218] ROBERT P H. On the danger of decentralization [J]. World bank research Observe, 1995 (10): 201-220.

[219] QIAN Y Y, ROLAND G. Federalism and the soft budget constrain [J]. American economic review, 1998, 88 (5): 1143-1162.

[220] RAUSCHER M. Leviathan and competition among jurisdictions: the case of benefit taxation [J]. Journal of urban economics, 1998, 44 (1): 59-67.

[221] RICHARD J, SUBHAJIT B. Taxation of electronic commerce: a developing problem [J]. International review of law, computers&technology, 2002, 16 (1): 35-51.

[222] ROBERT E, ARLYN J. The adequacy of state and local taxes and business location [J]. Annals of regional science, 1968, 2 (1): 103-113.

[223] ROBERT A. The efficiency of state taxes [J]. Australian economic review, 1997, 30 (3): 273-287.

[224] Scholz J K. Taxation and poverty: 1960—2006 [J]. Focus, 2007, 25 (1): 52-57.

[225] SCULLY G W. Taxation and economic growth in New Zealand [J]. Pacific economic review, 1996, 1 (2): 169-177.

[226] SIGMAN H. Letting states do the dirty work: state responsibility for federal environmental regulation [J]. National tax journal, 2003, 56 (1): 107-122.

[227] SMART M. Taxation and dead weight loss in a system of intergovernmental transfers [J]. Canadian journal of economics, 1998, 31 (1): 189-206.

[228] Solé-Ollé A. Electoral accountability and tax mimicking: the effects of electoral margins coalition government and ideology [J]. European journal of political economy, 2003, 19 (4): 685-713.

[229] STEWART R B. Pyramids of sacrifice problems of federalism in mandating state implementation of national environmental policy [J]. Yale law journal, 1977, 86 (6): 1196-1272.

[230] TANNENWALD R, GOWAN J. Fiscal capacity, fiscal need, fiscal comfort among U S States: new evidence [J]. Publics, 1997, 27 (3): 113-125.

[231] THIESSEN U. Fiscal decentralization and economic growth in high—income OECD countries [J]. Fiscal studies, 2003, 24 (3): 237—274.

[232] BUETTNER T. Local business taxation and competition for capital: the choice of the tax [J]. Regional science and urban economics, 2001, 31 (2): 215—245.

[233] TIEBOUT C. A pure theory of local expenditures [J]. Journal of political economy, 1956 (64): 416—424.

[234] TIMOTHY J, GOODSPEED. Local income taxation: an externality, pigouvian solution, and public policies [J]. Regional science and urban economics, 1995, 25 (3): 279—296.

[235] XIE D Y, ZOU H F, DAVOODI H. Fiscal decentralization and economic growth in the United States [J]. Journal of urban economics, 1999, 45 (2): 228—239.

[236] YILMAZ S. The impact of fiscal decentralization on macroeconomic performance [J]. National tax association, 1999 (10): 251—260.